Lasst das mal die Frauen machen!

Bärbel Kiy

Bärbel Kiy

Lasst das mal die Frauen machen!

Bibliografische Information der Deutschen Nationalbibliothek.
Die Deutsche Nationalbibliothek verzeichnet diese Publikation in der Deutschen Nationalbibliografie – detaillierte bibliografische Daten sind im Internet über http://dnb.dnb.de abrufbar.

Vollständige Taschenbuchausgabe.
Dieser Titel ist auch als E-Book erschienen.
Neptunikum Verlag

Neptunikum Verlag
ISBN 978-3-945311-12-7
Printed in Germany

Satz, Umschlaggestaltung, Herstellung: BoD – Books on Demand
Umschlagillustration: Bildnummer: 21471718 © fotolia.com
Urheber: Frank F. Haub

www.neptunikumverlag.com
10,90 € (D)

Inhalt

Vorwort

Emanzipationswellen und Frauenbewegungen sind keine Erfindungen des 21. Jahrhunderts – ganz im Gegenteil! Bereits seit dem 12. Jahrhundert treten Frauen für ihre Rechte ein und zeigen selbstbewusst, dass sie alles andere als ein schmückendes Beiwerk sind!

In den Medien hat sich die Darstellung der Frau in den letzten Jahrzehnten stetig gewandelt. Noch bis weit ins 20. Jahrhundert hinein wurde die Frau hausbacken im Kittel oder in der Schürze als Übermutter präsentiert. Doch die Zeiten ändern sich – und mit ihnen die Vorstellungen und Ansprüche. Im 21. Jahrhundert wird in den Hochglanzmagazinen und im Fernsehen ein auf ewig junger, attraktiver, schlanker und sportlicher Frauentyp gezeigt.

Die Frau von heute darf gern natürlich schön sein. Sie soll Karriere in ihrem Beruf machen. Sie soll Kinder haben wollen … nicht zu früh, aber auch nicht zu spät! Natürlich mit dem richtigen Partner und zum richtigen Zeitpunkt. Sie soll die richtige Anzahl an Kindern gebären – nicht eins aber auch keine Fußballmannschaft. Sie soll selbstbewusst, aber keine Emanze sein. Selbstverständlich soll die Frau von heute laut Werbung belastbar und immer gut drauf sein. Ihren Kindern darf sie auf gar keinen Fall eine lieblose, hartherzige, desinteressierte Mutter sein. Selbstverständlich hat sie auch nach der Geburt ihrer Kinder ihre alte Figur wiedererlangt. Sie soll also ihren Kindern eine gute Mutter, ihrem Mann eine gute Ehefrau, eine gute Zuhörerin und eine Göttin der Liebe sein, die selbstverständlich ihre Familie zu keiner Zeit vernachlässigt. Auch in der Bewältigung ihrer Aufgabe als Familienmanagerin versteht es sich von selbst, dass sie eine ausgezeichnete Köchin und eine emsige Haushälterin sein soll. Der Firma, in der sie beschäftigt ist, soll sie eine fleißige, karriere- und erfolgsorientierte Mitarbeiterin sein. Selbstverständlich darf man der Frau im 21. Jahrhundert keinen Stress ansehen. Den Stress, den sie hat, muss sie kompensieren. Niemand darf ihn wahrnehmen – so suggerieren uns zumindest die Medien …

Doch wie sieht eine Frau im 21. Jahrhundert wirklich aus? Was macht sie aus? Ganz klar: Persönlichkeit! An dieser Stelle möchte ich zwei starke, charismatische Frauen mit ganz unterschiedlichen Lebensläufen erwähnen, die für mich Frauenpower in unserem Jahrhundert symbolisieren!

Zum einen ist das Kirstin Krochmann. Sie ist Lokalpolitikerin im Kreis Stormarn und hat mich sofort fasziniert. Eine moderne, gut aussehende, sportliche, intelligente Frau, die jeden Morgen mit ihrem Lebensgefährten in den Tag hineinläuft. Sie traute sich, in den politischen Ring zu steigen, und war, bevor eine Krankheit sie zur Aufgabe zwang, bereit zu kämpfen! Sie war bereit, ihren Wahlbezirk im Kieler Landtag zu vertreten. Kirstin Krochmann steht mit ihren vierzig Jahren mit beiden Beinen im Leben. Man spürt, dass sie mit sich im Reinen ist. Vor rund achtzehn Jahren hat die gelernte Bankkauffrau im Bereich der Immobilienvermittlung und -verwaltung den Schritt in die Selbstständigkeit gewagt. Mittlerweile hat sich ihr mittelständisches Unternehmen in der Branche durchgesetzt und sie hat ihre Firma erfolgreich etabliert!

Kirstin Krochmann ist in einem CDU-affinen Elternhaus groß geworden. So stand es für sie außer Frage, 2003 ebenfalls der CDU beizutreten. Sichtbar ist sie auf dem politischen Parkett gewachsen. In wenigen Jahren wechselte sie von der Orts- auf die Kreisebene. Im Ortsverband Steinburg ging sie zielstrebig ihren Weg. Nach ihrem Eintritt war sie stellvertretende Vorsitzende. Bereits ein Jahr später übernahm sie den Vorsitz. Im Jahr 2012 ruderte sie im Ortsverband zurück und gab ihren Vorsitz auf – allerdings blieb sie bis Ende 2015 Beisitzerin des Vorstands. In den Jahren 2008 bis 2014 war sie unter anderem im Gemeinderat als Gemeindevertreterin in Steinburg tätig, hatte das Amt der stellvertretenden Vorsitzenden der CDU in Stormarn inne und saß drei Jahre lang als Bürgerliches Mitglied im Kreistag. Aktuell ist sie Kreistagsabgeordnete für den Wahlkreis sechs – Bad Oldesloe-Land –, Pressesprecherin und stellvertretende erste Fraktionsvorsitzende. Doch damit nicht genug! Sie ist auch noch ehrenamtliche Richterin am Schleswig-Holsteinischen Verwaltungsgericht in Schleswig. Kirstin Krochmann bewarb sich als Kandidatin der CDU im Wahlkreis Stormarn-Nord zur Landtagswahl 2017, doch leider musste sie ihre Kandidatur krankheitsbedingt zurückziehen. Sie ist eine tolle Frau mit bodenständigen Zielen und Visionen, die unbedingt einen Stuhl im Kieler Landeshaus besetzen sollte! Gemäß dem Titel dieses Buches „Lasst das mal die Frauen machen!" liefert sie das nötige Know-how, die Kraft und die Energie, um die Frauenpower der CDU im Kieler Landtag zu stärken!

Die zweite Frau, die mich sehr beeindruckt, ist Ines Klemmer, geborene Kuba. Eine schöne Frau, die trotz ihrer großen Erfolge bodenständig und natürlich geblieben ist. Sie ist ein ehemaliges deutsches Fotomodell, eine Sportlerin und Schönheitskönigin. Heute steht sie sehr erfolgreich als Moderatorin und Managerin ihre Frau!

Aufgrund ihrer großen sportlichen Leistungen als Fechterin der ehemaligen Deutschen Demokratischen Republik wurde sie nach der siebten Klasse, im Alter von vierzehn Jahren, von Halle an der Saale auf die *Kinder- und Jugendsportschule (KJS)* nach Berlin geschickt. Ines Klemmer, damals noch Kuba, errang 1989, wenige Monate vor dem Mauerfall, den Titel der Jugendfechtmeisterin in der DDR.

Nach der zehnten Klasse machte sie eine Ausbildung zur Kindergärtnerin. Nach ihrem erfolgreichen Abschluss ging sie jedoch nicht in den erlernten Beruf, sondern begann eine weitere Ausbildung zur Aerobiclehrerin. Der Mauerfall eröffnete ihr eine völlig neue Welt. Ines Klemmer nahm 1991 an mehreren Miss-Wahlen teil, die sie erfolgreich für sich entschied. Im Dezember desselben Jahres wurde sie in Oldenburg zur Miss Germany 1991/92 gekrönt. Nur ein Jahr später, am 4. Dezember, wurde sie in Wien zur Queen of the World gekürt. Ines Klemmer ging ins Showbiz, in dem sie bis heute erfolgreich ist. Sie moderiert Galabälle und steht auf Messen für unterschiedliche Unternehmen auf der Moderationsbühne. Des Weiteren ist sie häufig als Moderatorin zu Gast bei dem Sender QVC, und last, but not least organisiert und moderiert sie Miss-Wahlen. Außerdem engagiert sie sich für wohltätige Zwecke. Als Schirmherrin der Ronald McDonald Häuser und Oasen trägt sie durch ihren unermüdlichen Einsatz zum Erfolg der Stiftung bei. Ines Klemmer hat es trotz großer Medienpräsenz mit viel Frauenpower geschafft, sich treu zu bleiben, eine glückliche Ehe zu führen und ihren beiden inzwischen erwachsenen Kindern eine gute Mutter zu sein.

Die Medienexperten haben durchaus eine gute Beobachtungsgabe. Die Frau im 21. Jahrhundert ist eine starke Powerfrau, die ihr Leben selbst in die Hand nimmt. Sie achtet auf ihr Äußeres, ist erfolgreich und, wenn sie sich für Kinder entschieden hat, durchaus in der Lage, den Spagat zwischen Karriere und Haushalt zu meistern. Sicherlich ist nicht jede Frau gertenschlank und zur Frauenrechtlerin geboren, aber das muss sie auch gar nicht. Eines ist nämlich sicher: Jede Frau besitzt eine ganz eigene Persönlichkeit, die sie auszeichnet. Die Frau von heute ist mit sich im Reinen und begegnet ihrem Partner auf Augenhöhe. Doch bis dahin war es ein langer, steiniger Weg ...

Befremdlicher Besuch

So ein Mist! Ich bin viel zu früh dran! Entgegen ihrer Vermutung war bei ihrer Fahrt zur Arbeit wenig Verkehr auf den Hamburger Straßen. Fast vierzig Minuten vor Dienstbeginn betrat Marie das Solarium. Sie war gerne zeitig bei der Arbeit – aber definitiv nicht so zeitig. Die Ladentür verschloss sie nach ihrem Eintritt wieder. *Sicher ist sicher*, ging ihr durch den Kopf. Marie ging durch den großen Empfangsraum in den Pausenraum für Angestellte und legte sowohl ihre Handtasche als auch ihren Autoschlüssel in ihren Spind. Sodann machte sie sich gut gelaunt auf den Weg in eine der Solarienkabinen. Sie wollte die Zeit nutzen, um bei zwei Bänken den längst fälligen Wechsel der Röhren vorzunehmen. Sie hatte die erste Bank gerade auseinandergebaut, sich neue Röhren und Starter bereitgelegt, als jemand gegen die Tür des Sonnenstudios klopfte. Marie dachte erst, sie habe sich verhört. Doch das Klopfen gegen die Scheibe der Sonnenstudioeingangstür hörte nicht auf, ganz im Gegenteil, es wurde heftiger. Marie erschrak. Erst vor ein paar Tagen war eine ihrer Kolleginnen nach Dienstschluss in einer Filiale im äußeren Speckgürtel Hamburgs überfallen worden. Ihr war zum Glück nichts passiert – wenn man von den psychischen Belastungen durch das traumatische Erlebnis einmal absah. Der Vermummte hatte sie „lediglich" mit vorgehaltener Waffe zur Herausgabe der Kasseneinnahmen gezwungen.

Verängstigt und verunsichert ließ Marie von der Bank ab und ging in Richtung Eingangstür. *Wer schlägt da nur wie im Rausch gegen eine geschlossene Tür? Hoffentlich bin ich jetzt nicht dran!*, schoss ihr durch den Kopf, während sie zum Empfang des Sonnenstudios ging. Eine verhüllte Gestalt vor der Tür ließ ihre Unsicherheit und Angst in Neugierde umschlagen.

Gleichzeitig breitete sich eine gehörige Portion Misstrauen in ihr aus. Sie öffnete die Tür einen Spaltbreit. „Wir haben noch geschlossen. Bitte kommen Sie in einer halben Stunde wieder."

„Sorry, ich konnte keine Öffnungszeiten entdecken und nahm an, dass alle Geschäfte im Center zur gleichen Zeit öffnen."

„Nein, dem ist nicht so. Wir öffnen eine Stunde später." Marie sah auf ihre Armbanduhr. *Na ja, in gut dreißig Minuten mache ich sowieso auf – warum nicht schon jetzt öffnen? Aber sie – vielleicht auch er – könnte unter dem Gewand gut eine Maschinenpistole oder eine andere Schusswaffe versteckt haben. Hm … soll ich oder soll ich nicht? Eigentlich ist es doch egal, ob ich jetzt oder später aufmache – wenn er oder sie es darauf anlegt …*, ging ihr durch den Kopf. Sie sagte: „Eigentlich öffnen wir erst um neun Uhr."

„Oh, wie schade! Nun wollte ich so gerne auf die Sonnenbank."

Marie war immer noch unentschlossen, doch die Stimme erweckte mehr Mitleid als Angst in ihr. Nun war sie sich sicher! *Eine Frau! Ich mag ein Esel sein, doch hört sich so eine Frau an, die einen Überfall begehen möchte? Wie sieht eigentlich ein Mensch aus, der Überfälle begeht? Begehen auch Frauen Überfälle? Nein, glaube ich nicht! Außerdem, selbst wenn, in diesem Outfit wäre es viel zu offensichtlich*, beruhigte sich Marie. Sie war immer noch unsicher, doch sie sagte: „Na gut, da Sie ja nun schon einmal vor der Tür stehen, will ich eine Ausnahme machen." Marie öffnete die Ladentür ganz, und die Frau betrat den Laden.

„Das ist nett von Ihnen. Haben Sie vielen Dank! Sorry, wenn ich Ihnen Umstände bereite. Ich war im Center einkaufen und wollte, bevor ich es mir doch noch einmal anders überlege, auf eine Ihrer Sonnenbänke. Ich muss unbedingt etwas gegen meinen Winterblues tun. Die dunkle Jahreszeit schlägt auf mein Gemüt. Können Sie mir eine Bank empfehlen?", fragte eine sympathische Frauenstimme Marie ohne Umschweife.

Marie nahm nun erst die beiden gut gefüllten Plastiktüten des großen Discounters aus dem Center in den behandschuhten Händen der Frau wahr. *Wow, du sprichst aber ein ausgezeichnetes, akzentfreies Deutsch! Ich glaube allerdings nicht, dass dir der Winterblues aufs Gemüt geschlagen hat. Die Ursache für dein Stimmungstief wird wohl, wenn ich mir dich so ansehe, eine ganz andere sein!*, dachte sie.

Fasziniert schaute sie in den vergitterten Sehschlitz einer Burka. Ihr Interesse war geweckt. Soweit sie sehen konnte, waren die Augen hinter dem Ganzkörperschleier, unter dem sich die Frau versteckte, wunderschön klar. Kristallblau. Marie antwortete: „Zunächst einmal wünsche ich Ihnen nach Ihrer stürmischen Begrüßung einen guten Morgen. Ihrer Frage entnehme ich, dass Sie noch nicht bei uns waren. So pauschal kann ich Ihnen guten Gewissens keine Bank empfehlen. Nicht ohne zu wissen, ob und wie viele Sonnenbestrahlungen Sie bisher gehabt haben. Ich mache Ihnen einen Vorschlag: Ich biete Ihnen – wenn Sie Zeit haben – eine kostenfreie Hauttypanalyse an. Doch lassen Sie mich bitte schnell noch den Computer hochfahren, sonst kann ich die Bänke nicht bedienen."

„Oh, habe ich Sie überrumpelt? Das tut mir leid. Soll ich doch lieber später noch einmal wiederkommen?" *Was für eine Frage … Natürlich hast du mich überrumpelt. Für mich ist es definitiv nicht normal, das Kunden – um Einlass zu finden – gegen die geschlossene Ladentür trommeln*, dachte Marie.

„Nein, nein, alles gut! Wie schon gesagt, wir öffnen regulär erst um neun Uhr und ich habe so früh nicht schon mit Kunden gerechnet. Wenn ich Sie nicht hätte bedienen wollen, hätte ich Sie vor der verschlossenen Ladentür stehen lassen. Geben Sie mir nur fünf Minuten Zeit – dann kann es losgehen. Darf ich Ihnen zur Überbrückung etwas zu trinken anbieten? Vielleicht ein Wasser?"

„Nein, danke."

„Okay … doch Sie können es sich, bis ich so weit bin, noch in unserer Besucherecke bequem machen. Ich brauche wie gesagt noch einige Minuten, dann bin ich bei Ihnen und es geht los."

Routiniert begann Marie ihren Start in den Arbeitsalltag, und tatsächlich widmete sie sich lediglich fünf Minuten später ihrer auffällig gekleideten Kundin.

„So, von mir aus kann es losgehen. Der Rechner ist hochgefahren und alle Geräte sind betriebsbereit." Die Frau lachte.

„Das hat ja wirklich nicht lange gedauert! Was muss ich tun? Wie kann ich mir das Prozedere vorstellen?", fragte die verschleierte Frau.

„Na ja, bei uns bekommen Sie eine Beratung nach Maß. Unsere Haut ist immerhin der Spiegel unserer Seele", lächelte Marie ihre Kundin an.

„Unser Fragekatalog wird von unserer anschließenden Hauttypuntersuchung abgerundet. Ihre Burka müssen Sie sich allerdings bereits zur Untersuchung und nicht erst zur Besonnung ausziehen!" Sie bemerkte die Unsicherheit der Frau. „War ich zu schnell? Haben Sie noch Fragen?"

„Hm, ja", stotterte die Frau, „ich würde Ihrer Aufforderung gerne nachkommen – doch das Ganze geht nur, wenn Sie dafür sorgen, dass kein Mann im Laden ist", antwortete die Exotin verunsichert.

Siehst du einen? Marie nahm zur Kenntnis, wie verunsichert die Frau reagierte – sie stutzte einen Augenblick und erwiderte der Fremden trotz ihrer Verwunderung freundlich:

„Kein Problem, wir haben für die Analysen einen gesonderten, ruhigen Raum eingerichtet. Mögen Sie mir bitte folgen?" *Auch noch Sonderwünsche seitens des fremdländischen Vogels!* Mittlerweile waren ihre Nerven leicht angespannt.

Die Frau machte nicht die geringsten Anstalten, sich in Bewegung zu setzen.

„Nun lassen Sie uns bitte in den Analyseraum gehen und eine Hauttypbestimmung vornehmen. Es dauert nicht lange und dient, wie gesagt, einzig Ihrer Sicherheit“, wiederholte Marie ihre Bitte mit Nachdruck und ging zum besagten Raum – die Frau setzte sich nunmehr in Bewegung und trottete ihr wie ein Hundewelpe hinterher.

Als beide in dem modern eingerichteten Untersuchungsraum angekommen waren, war Marie sehr überrascht, als die sich von ihr unter der schwarzen Burka vermutete Orientalin als eine waschechte Europäerin herausstellte. Hübsch und jung war sie. Hellhäutig und hellblond. Circa Anfang, maximal Mitte zwanzig. Auch hatte sie wunderschöne Hände. Marie waren diese zunächst durch die langen schwarzen Handschuhe verborgen geblieben. Nach ihrem Geburtsland und ihrem Wohnort fragen wollte Marie sie jedoch nicht. Noch nicht ... die Gelegenheit würde sich schon noch ergeben. Marie sinnierte: *Was mag eine junge Frau bewegen, von ihrer wohl eher humanen Religionszugehörigkeit in eine extrem radikale zu wechseln? Sind die deutschen Männer, oder vielleicht sollte ich weiter denken, sind die Männer der westlichen Welt, die einer dem Christentum nahestehenden Religion angehören oder auch nicht angehören, wirklich so schlimm? Klar sollte ich vorurteilsfrei über den Tellerrand schauen und nicht so schamlos spekulieren, ohne die Hintergründe der Konvertierung dieser Frau zu kennen, aber so oder so, ich verstehe eine Konvertierung zum Islam nicht! Ist es für eine westliche Frau tatsächlich angenehm, sich mit Haut und Haaren dem Islam zu verschreiben? Mit all seinen Vorschriften und seinem für uns Christen befremdlichen Frauenbild? Ich weiß ja nicht* ... Marie beriet die junge Frau bezüglich der Hauttypanalyse kompetent. Bestärkt ging diese in ihrem Vorhaben, von nun an regelmäßig das Sonnenstudio aufzusuchen, auf die von ihr vorgeschlagene Sonnenbank.

Kampf der Frauen

Marie war eine emanzipierte Mittdreißigerin. Dunkelhaarig, frecher Bob, dunkler Teint, klein, zierlich, sportlich und glücklich verheiratet. Des Weiteren weltoffen mit einem ausgesprochenen Gerechtigkeitssinn. Nach ihrem Abitur, das sie mit der Traumnote eins Komma null im zarten Alter von achtzehn Jahren abgelegt hatte, ging sie für ein Jahr nach Australien. Mit dem Rucksack erkundete sie via Work & Travel Land und Leute. Schweren Herzens nahm sie rund zwölf Monate später Abschied von dem fünften Kontinent. Zurück in Deutschland überbrückte sie die Zeit bis zur Aufnahme ihres Studiums als Aushilfe in einer Studentenkneipe. In dieser lernte sie auch ihren späteren Mann Sebastian kennen.

Sieben Monate nach ihrer Rückkehr nahm sie an der Uni Hamburg ein Medizinstudium in Humanmedizin auf. Bereits nach wenigen Semestern traten bei ihr erste Probleme auf. Punktgenau als sie ihre ersten Leichen aufschnitt und ihnen die Haut abzog, um ihre Organe freizulegen. Mal für Mal, mit jeder Leiche, wurde es schlimmer. Ihre Knie wurden weich, ihr wurde speiübel. Ihr Professor und auch ihre Kommilitonen machten sich über sie lustig. „Stell dich nicht so an! Daran kann man sich gewöhnen! Augen zu und durch!" Von wegen! Sie war klug genug zu bemerken, dass sie ein großes Handicap hatte. Keine guten Voraussetzungen für eine angehende Ärztin. Sie unterbrach ihr Studium für zwei Semester, um in der Studienpause mit einem Therapeuten an ihrem Handicap zu arbeiten. Dieser sollte ihr helfen, ihren Ekel, ihre Übelkeit, ihren Schwindel und ihre Schweißausbrüche zu überwinden. Vergebens! Letztlich zog sie daraus ihre Konsequenzen. Sie brach zum Leidwesen ihres Professors, ihrer Kommilitonen und ihrer Eltern, beide Ärzte, ihr Studium ab. Für Marie stand nach ihrer Exmatrikulation fest, dass sie ihren Eltern nicht länger als nötig auf der Tasche liegen wollte, doch ihre Miete, ihr Essen, ihre Kleidung und auch ihre Hobbys wollten bezahlt werden ... So kam es, dass sie sich in dem Solarium, in dem sie Kundin war, von dem Inhaber anstellen ließ. Sie hatte ihre Entscheidung – für viele unbegreiflich – nie bereut. Zwölf Jahre war sie nun schon in dem Solarium beschäftigt.

In ihrem Bekanntenkreis galt Marie als speziell. Sie war von Kopf bis Fuß emanzipiert! Sicherlich, sie war oft genug auch ganz Frau, sie liebte schicke Garderobe, achtete sehr auf ihr Äußeres, sammelte Schuhe und Handtaschen wie andere Briefmarken und ließ sich dann und wann auch gern eine Tür und/oder Autotür von ihrem Mann aufhalten. Sie ließ sich auch gern in die Jacke oder den Mantel helfen ... Marie genoss männliche Gesten, die auf einen guten Kern schließen ließen, sehr. Das eine musste das andere ihrer Meinung nach nicht ausschließen. Marie empfand dieses „Höflichkeitsgebaren" ihres Mannes oder anderer Männer gegenüber Frauen als ein Zeichen ihrer Wertschätzung, und diese zeugte ihrer Meinung nach von einer guten Kinderstube.

Marie behauptete von sich, keinerlei Probleme mit muslimischen Frauen, die ihre Haarpracht unter einem Kopftuch oder einer anderen Kopfbedeckung versteckten, zu haben. Sie hatte aber definitiv ein Problem mit Frauen, die ihren Körper unter einem Ganzkörperschleier verhüllten – vielmehr mit dem mehr oder weniger traditionellen Kleidungsstil der östlichen Halbkugel, der in der westlichen Welt neugierige Blicke auf sich zog. Galt diese Verhüllung doch in der westlichen Hemisphäre als frauenfeindlich! In den westlich orientierten Ländern will man sich in die Augen sehen! Für Marie war es in erster Linie kein Thema der Integration und Immigration – vorrangig stellte sie das komplette Frauenbild infrage, das sich hinter dem Anlegen der Vollverschleierung verbarg.

Maries Gedanken gingen erneut zu der jungen, exotischen Frau. *Du gehörst offensichtlich zu der Frauenfraktion, mit der ich so gar nichts anfangen kann. Mensch, Mädel, deine Burka mit ihrem vergitterten Sehschlitz, der allen anderen keine Chance gibt, dir in deine Augen zu sehen, ist schon sehr befremdlich und für dein westliches Gegenüber auch beängstigend! Ich gehe mal davon aus, dass du konvertiert bist. Es ist mir jedoch komplett unverständlich, wieso sich eine westliche Frau freiwillig in einen Ganzkörperschleier zwängt! Hätte nicht ein Kopftuch, ein Hitschab oder wie auch immer die Kopfbedeckungen heißen, die das Gesicht erkennen lassen, gereicht? Ist es dir eigentlich bewusst, dass wir Frauen seit vielen Jahrhunderten für unsere Rechte kämpfen? Immer wieder wurden unsere Kämpfe von Männern niedergeschlagen und wir wurden unterjocht. Bereits sehr früh kristallisierten sich in Bezug auf das Verhältnis zwischen den Geschlechtern und das gemeinsame Zusammenleben zwei grundlegend verschiedene Auffassungen heraus. In Deutschland spricht man im Berufsleben hinsichtlich der Anerkennung und Einbeziehung der Frauen über eine Frauenquote oder Geschlechterquote. Diese Quotenregelung hat den ehrenwerten Gedanken der Gleichstellung der Frau bei der Besetzung vakanter Positionen in Gremien aus Politik und Wirtschaft. Nun dürfen Frauen bei der Besetzung vakanter Positionen aufgrund ihres Geschlechts nicht mehr benachteiligt werden. Die Einführung von Quoten in einigen politischen Gremien und Teilen des öffentlichen Dienstes wurde in vielen europäischen Ländern durchgesetzt – doch auch über eine Frauenquote in der Privatwirtschaft wird seit einiger Zeit kontrovers diskutiert. Und … was machst du? Gehst zurück in die Steinzeit!* Gedankenversunken schüttelte Marie den Kopf.

Nach zwanzig Minuten Besonnung und weiteren zehn Minuten Ankleidezeit kam die junge Frau, die sich wieder in ihren Ganzkörperschleier gehüllt hatte, auf Marie zu. Marie tippte konzentriert Mitgliederdaten aus einem Stapel Anmeldungen auf der Tastatur ihres Rechners ein, der auf der Arbeitsplatte des Tresens stand.

„Na, wie hat es Ihnen gefallen?" Marie unterbrach ihre Dateneingabe und schaute ihre Kundin interessiert an.

„Super! Von jetzt an komme ich regelmäßig. Vielen Dank noch einmal für die nette und kompetente Beratung. Die Besonnung war eine Streicheleinheit für meine Seele."

„Wenn Sie von nun an regelmäßig kommen möchten, kann ich Ihnen guten Gewissens eine Klubmitgliedschaft empfehlen. Tatsächlich lohnt sich eine Mitgliedschaft bereits ab zwei Besonnungen im Monat."

„Das hört sich interessant an. Bevor ich es mir wieder anders überlege, *let's go*. Immer her mit dem Antrag."

Marie verkniff sich bei dem forschen, von ihr nicht vermuteten Auftritt der jungen Frau ein Lächeln. „Immer langsam – für die Ausstellung des Mitgliedsausweises benötige ich ein Foto von Ihnen. Auch möchte ich Sie fairerweise darüber informieren, dass wir seitens des Inhabers angehalten sind, bei jedem Gast einen Abgleich zwischen dem Besucher und der vorgelegten Mitgliedskarte vorzunehmen", erwiderte Marie.

Die junge Frau benötigte einige Sekunden zum Antworten. „Können Sie mir gewährleisten, dass wir den von Ihnen angesprochenen Abgleich in einer Ihrer Kabinen vornehmen können?"

„Ja, das kann ich", antwortete Marie wie aus der Pistole geschossen. „Sollten alle Kabinen besetzt sein, gehen Sie zur Personifizierung mit mir oder mit einer meiner Kolleginnen in unseren Pausenraum."

„Na dann …"

„Okay, füllen Sie mir bitte den Antrag aus. Wenn Sie fertig sind, machen wir die Aufnahme für den Mitgliedsausweis.“ Marie reichte ihrer Kundin ein Antragsformular.

Die junge Frau füllte das Formular aus, ohne weitere Fragen zu stellen.

Sie hatte Marie gerade den ausgefüllten und unterschriebenen Antrag überreicht, als Maries Freundin und Lieblingskollegin Sofie gut gelaunt durch die Eingangstür geschlendert kam. Als diese die Frau in der Burka erblickte, stockte sie kurz, ging jedoch nach einem kurzen „Hallo“ in einen Raum mit der großen Türaufschrift: *Nur für Mitarbeiter – Zutritt für Unbefugte verboten!*

Marie überflog das Formular. Beim neugierigen Kontrollieren des Aufnahmeantrags war sie nicht überrascht, dass ihre Kundin einen deutschen Vor- und Nachnamen angegeben hatte. *Dachte ich es mir doch!* Sie sagte jedoch nichts.

„Danke. Wenn Sie so weit sind, stellen Sie sich bitte mit dem Gesicht vor den Rechner und schauen, wenn ich es sage, auf meinen Zeigefinger!“, bat Marie die exotische Frau. Sie hatte die Eingangstür zuvor auf Bitten der jungen Exotin, während sich diese aus ihrer Burka herausschälte, abgeschlossen. So konnte sich die Muslima sicher sein, dass während des Knipsens kein Mann das Sonnenstudio betrat.

„Darf ich Ihnen, bevor ich das Foto mache, noch einige Fragen stellen?“ Marie platzte vor Neugierde. Die junge Muslima schaute Marie überrascht an.

„Worum geht’s?“, fragte diese Marie.

„Meine Fragen mögen Ihnen indiskret erscheinen … doch wieso versteckt eine junge deutsche, bildhübsche Frau ihren Körper unter einem Ganzkörperschleier? Was hat Sie dazu bewegt, sich so zu verhüllen? Sind Sie zum Islam konvertiert? Sie sind jung und sehr gut gekleidet. Sie haben Ihr ganzes Leben noch vor sich." *Wenn du wirklich konvertiert bist, bist du dir überhaupt über den Stand einer Muslima bewusst?*, dachte Marie.

Die junge Frau nahm Marie den verbalen Vorstoß anscheinend nicht übel und beantwortete ihr ihre Fragen ohne Groll.

„Um Ihre Fragen zu beantworten … ich bin zum Islam übergetreten, weil ich die gierigen Blicke unserer Landsmänner satthatte. Zudem sprachen sie mich oft plump an und übertraten meine Grenzen. Aus diesem Grund habe ich mich schließlich tatsächlich dazu entschlossen, zu konvertieren. Es ist eine faszinierende Religion. Seit ich konvertiert bin, lebe ich mit mir im Einklang. Für mich ist das Tragen meines auf Sie exotisch wirkenden Gewandes inklusive des Verdeckens meiner Hände und meiner Fußgelenke selbstverständlich geworden. Die Verhüllung hilft mir im Alltag, mich vor sexistischen Männerblicken zu schützen. Die Burka gehört mittlerweile zu meinem Leben dazu."

Sie mag dich zwar vor den gierigen Blicken der Männer schützen, doch wirst du durch das Tragen der Burka in unserer westlichen Welt definitiv zu einem Paradiesvogel. Ob du dir das wirklich alles gut und lange genug überlegt hast? Marie bezweifelte eine lange Auseinandersetzung der jungen Frau mit dem Islam und ihrer erfolgten Konvertierung mit all seinen Konsequenzen ebenso wie ihre fadenscheinige Begründung, ihren Körper unter einem Ganzkörperschleier zu verhüllen.

Nach einem prüfenden Blick Maries auf den Personalausweis der Kundin war diese laut Geburtsdatum erst dreiundzwanzig Jahre alt.

Mein Gott – du bist noch so jung! Dreiundzwanzig Jahre bist du erst alt! Ich weiß ja, dass mich das alles nichts angeht, aber meiner Meinung nach hast du deine ganze Jugend mit deinem Glaubenswechsel in die zweitgrößte Religionsgemeinschaft der Welt verschenkt! Hoffentlich hast du dich wirklich mit den Konsequenzen deiner Konvertierung auseinandergesetzt und bereust diesen Schritt nicht eines Tages!

Marie sinnierte weiter: *Wie ich kürzlich in einem Magazin gelesen habe, hat der Muslim die Versorgungspflicht für seine Ehefrau – in manchen Regionen auch für seine Ehefrauen! Als „Gegenleistung" kann er von ihnen absoluten Gehorsam verlangen. Prima – ganz nach meinem Geschmack …* Marie lächelte. *Wenn ich mich recht an den Artikel erinnere, darf der Mann die Frau dem islamisch gelebten Weltbild nach züchtigen und mit dem Entzug des ehelichen Verkehrs bis zu vier Monaten bestrafen. Der Mann hat ferner das Recht, an jedem beliebigen Ort und zu jeder Zeit mit seiner Frau zu schlafen – außer während ihrer Menstruation –, und zwar ohne sie vorher um ihre Einwilligung bitten zu müssen! Im Koran, Sure 2,223 heißt es: „Eure Frauen sind euch ein Saatfeld. Geht zu (diesem) eurem Saatfeld, wo immer ihr wollt." Klar muss ich, wenn ich ehrlich bin, zugeben, dass auch bei uns in Deutschland bis 1997 ähnliche Zustände geherrscht haben. Erst seit Inkrafttreten des neu gefassten Paragrafen 177 im Strafgesetzbuch wird die Vergewaltigung in der Ehe unter Strafe gestellt. Diese Gesetzesänderung war nur möglich, weil die Frauen in Deutschland niemals aufhörten, für ihre Rechte zu kämpfen … und was machst du? Du schmeißt die Errungenschaften für Frauen von Frauen einfach weg!*

Marie sah sich als ein toleranter und weltoffener Mensch … wenn es allerdings um die Rechte der Frauen ging, kannte sie kein Pardon! In Gedanken versunken schüttelte sie den Kopf. Traurigkeit machte sich in ihr breit. *Wahrscheinlich steckt hinter deiner Konvertierung ein Mann! Ein Muslim, der sich nicht mit einer Christin einlassen will oder darf, und seinetwegen schlüpfst du nun in eine Burka. Der Typ will dich ganz für sich! Kein anderer Mann soll deine Schönheit sehen.* Sie wusste tief in ihrem Inneren, dass sie klischeehaft dachte. Die junge Frau bemerkte von Maries Gedanken nichts. Freundlich lächelte sie nach Maries Aufforderung in Richtung ihres Zeigefingers und somit in die Kamera, die auf dem Bildschirm des Rechners klemmte.

Routiniert drückte Marie den Auslöser für das benötigte Foto. Kaum hatte sie das wunderhübsche Gesicht ihrer Kundin fotografiert und die Aufnahme als brauchbar abgenickt, versteckte sich die junge Frau wieder unter ihrer Burka.

Marie ging währenddessen schweigsam und nachdenklich zur Eingangstür des Sonnenstudios, um sie wieder zu öffnen, und verabschiedete sich gleichzeitig mit einem: „Bis bald" von der Muslima. Kaum war die junge Frau aus dem Laden gegangen, betrat ein Stammkunde das Studio. Sofie nahm sich seiner an und Marie ging in die Kabine, um die Sonnenbank, auf der kurz zuvor die hübsche Muslima gelegen hatte, zu säubern. Kurze Zeit später kam Sofie lässig in die Kabine geschlendert.

„Was war denn *das* gerade eben? Gibt es in Deutschland nicht das Vermummungsverbot? Sag bloß, die hat sich auf eine unserer Bänke gelegt!"

„Ja, gibt es – und ja, hat sie ... und das Beste ist, sie ist eine Deutsche. Eine Deutsche, die die Nase von den westlichen Männern voll hat. Sie ist zum Islam konvertiert."

„Sag, dass das nicht wahr ist. Wie blöd kann eine Frau sein?", schimpfte Sofie. Sie besserte sich stundenweise im Solarium ihr mageres Budget auf. Sofie lag in den letzten Wehen ihres zweiten juristischen Staatsexamens. Marie hatte sie vor drei Jahren, nachdem sie zur Filialleiterin aufgestiegen war, mit einem Aushilfsvertrag ins Sonnenstudio geholt. Die beiden kannten sich seit ihrer Schulzeit und waren wie Schwestern.

Sofie ließ sich schwungvoll in einen kleinen roten Sessel, der gegenüber der Sonnenbank in der Kabine stand, fallen.

„Lass dich von mir nicht stören."

In ihrer kargen Freizeit engagierte sie sich mit großer Hingabe feministischen Anliegen. Sodann brach es aus ihr heraus, sie musste ihrer Empörung Luft machen!

„Marie, sehe ich was falsch? Viele Frauen haben für unsere Rechte gekämpft. Weißt du eigentlich, dass der erste Emanzipationsversuch im 12. beziehungsweise im 13. Jahrhundert stattfand?“

„Nein, wusste ich nicht.“

„Macht nichts, dann weißt du es jetzt! Wenn ich mich richtig erinnere, sprach man von der Beginenbewegung. Charakteristisch für den ersten Emanzipationsversuch war, dass er innerhalb der Grundordnung der Kirche stattfand und die Organisation diese nicht infrage stellte. Nach anfänglichen Erfolgen musste der Versuch letztendlich jedoch als gescheitert betrachtet werden. Doch zu unserem Glück hörte unser Geschlecht niemals auf zu kämpfen.

Der zweite Emanzipationsversuch beziehungsweise die ersten Ansätze einer Frauenbewegung entstanden, wenn ich mich nicht irre mit der Französischen Revolution. So um 1790. Die Frauenrechtlerin Olympe de Gouges forderte damals die Ideale der Revolution *Freiheit und Gleichheit*, die bisher nur für Männer galten, für beide Geschlechter ein. Neu war, dass sich diese Bewegung nicht mehr an der Kirche orientierte wie der erste Emanzipationsversuch der Beginen.

Die erste Welle der modernen Frauenbewegung können wir auf Mitte des 19. Jahrhunderts bis zum Anfang des 20. Jahrhunderts datieren. Im englischsprachigen Raum wurden die häufig bürgerlichen Frauenrechtlerinnen zu Beginn des 20. Jahrhunderts unter dem Namen „Suffragetten“ bekannt. Die wichtigsten Ziele dieser Frauenbewegung waren das Erlangen der Bürgerrechte, des Wahlrechts, des Rechts auf Bildung und, nicht zu vergessen, des Rechts auf Privateigentum und Erwerbsarbeit. In Deutschland war die Frauenbewegung eng mit der Arbeiterbewegung verknüpft, die sich zur Vorkämpferin der Frauenrechte entwickelte. Bemerkenswert für die erste Welle der Frauenbewegung war, dass sie eine Gesellschaft auf neuer sittlicher Grundlage forderte. Tatsächlich mit aller Gewalt. Mitte Februar des Jahres 1913 zündeten in Walton Hill militante englische Frauenrechtlerinnen eine Bombe am nagelneuen Landhaus des britischen Schatzkanzlers David Lloyd George. Sie wollten ihrer Forderung nach einem Wahlrecht für Frauen im wahrsten Sinne des Wortes bombastischen Nachdruck verleihen. Das Ende dieser Bewegung kann europaweit zu Beginn des Ersten Weltkriegs datiert werden."

Marie lachte laut auf.

„Junge, Junge, die englischen Damen waren ja ganz schön auf Krawall gebürstet."

„Seit wann bist du denn so zartbesaitet? So kenne ich dich ja gar nicht!"

„Ich bin nicht zartbesaitet – aber, Sofie, ist es nicht komplett kontraproduktiv, seine Forderungen mit Gewalt durchzusetzen? Wäre es nicht viel sinnvoller gewesen, eine Gesetzesänderung mit einer Petition zu bewirken?"

„Hm ... schwer zu sagen ... es waren damals andere Zeiten, ich vermag das nicht zu beurteilen. Was ich weiß, ist, dass die Suffragetten sich nach Jahren der Provokation, ohne Gehör zu finden, radikalisierten. Ich denke, sie mussten sich etwas einfallen lassen, um endlich gehört zu werden. Wie dem auch sei, in jedem Fall übernahm die 55-jährige Rechtsanwaltswitwe und fünffache Mutter Emmeline Pankhurst die Verantwortung für den lauten Knall. Zehn Jahre zuvor hatte sie mit ihrer Tochter Christabel in Manchester die *National Women's Social and Political Union* gegründet. Emmeline Pankhurst wanderte für den Bombenanschlag hinter Gitter. Im Gefängnis saßen für das gleiche Ziel bereits über zweihundert weitere Frauen wegen anderer militanter Aktionen ein. Stell dir mal vor, die Suffragetten hatten zeitweise circa 260.000 Anhängerinnen!

Die streitbaren Ladys veranstalteten öffentliche Hungerstreiks, ketteten sich an das Parlament oder demonstrierten vor dem Buckingham-Palast."

„Sofie, du bist im Weg! Steh bitte auf! Ich muss den Sessel abwischen!"

Sofie stand auf und machte Marie Platz – doch nur so lange, bis diese den Sessel abgewischt hatte. Danach ließ sie sich wieder in den Sessel fallen und setzte ihren Vortrag unbeirrt fort.

„Wo war ich stehen geblieben? Ach ja, die Suffragetten, sie bildeten den radikalsten Teil der Frauenbewegung. Weltweit waren sie Vorbild für die Feministinnen. Auch bei uns in Deutschland. Der auf politische und soziale Gleichheit gerichtete Ansatz basierte auf den Ideen der Aufklärung. Danach sind alle Menschen von Natur aus gleich, woraus die berechtigten Forderungen nach der Gleichstellung der Geschlechter in sämtlichen Bereichen der Gesellschaft abgeleitet wurden." Sofies Redefluss war nicht zu bremsen.

„Stell dir vor, Marie, acht Mal soll die toughe, streitbare Emmeline insgesamt inhaftiert worden sein! Dann, beim Ausbruch des Ersten Weltkriegs, vereinbarte sie mit der Regierung einen Waffenstillstand. Zur Begründung des Waffenstillstands hieß es: Es sei die patriotische Pflicht eines jeden Mannes und einer jeden Frau, dafür zu sorgen, dass ihr Staat nicht durch eine instabile Lage der inneren Sicherheit noch zusätzlich belastet würde.

Rund ein Jahr vor dem Ende des Krieges gründete Emmeline Pankhurst eine neue Partei: die *Women's Party*, die feministische Programmpunkte mit faschistischen Punkten – zum Beispiel Rasseneinheit – verband. Die meisten westlichen Staaten gaben erst nach Ende des Ersten Weltkriegs den Forderungen nach aktivem und passivem Frauenwahlrecht nach. In Deutschland wurde unserem Geschlecht 1918 das Wahlrecht zugestanden. In den USA zwei Jahre später. In England, vielmehr in

Großbritannien, bekamen Emmeline Pankhursts Genossinnen das Wahlrecht durch ihren Dauereinsatz und dem ihrer Tochter Christabel zehn Jahre nach uns, im Jahr 1928 – im Todesjahr ihrer Vorkämpferin Emmeline Pankhurst."

„Was du nicht alles weißt!" Marie war sichtlich beeindruckt von Sofies Wissensschatz. Sofie übertraf als aktive Frauenrechtlerin in ihrem radikalen Emanzipationsdenken alle Frauen, die Marie kannte. Marie verstand sich auch als Feministin – doch im Vergleich zu Sofie war sie eher eine sanfte Frauenkämpferin.

Marie verstand Sofies Empörung. Für sie beide war es völlig unverständlich und undenkbar, dass eine junge europäische Frau all ihre Rechte auf Gleichheit und Freiheit, die viele Frauen hart erkämpft und teilweise auch mit ihrem Leben bezahlt hatten, einfach aus einer Laune heraus – vielleicht auch für eine Liebschaft – hergeben konnte.

„Lass uns nach vorne gehen, ich bin fertig!"

Beide Frauen gingen in den vorderen Teil des Studios und vergaßen die junge deutsche Muslima in ihrem stressigen Arbeitsalltag schnell. Die Arbeit rief – kein Kunde wollte länger warten als nötig. Trotz der großen Konkurrenz brummte das Geschäft an diesem Tag, als würde es kein Morgen mehr geben. Nach ihrem Feierabend war Marie in Eile. Nach der Übergabe des Tagesgeschäfts an ihre Kollegin der Spätschicht hastete sie schnell zu ihrem Auto. Sie musste noch Koffer packen. Rund ein Jahr zuvor hatte sie für sich und ihren Mann eine pompöse zweiwöchige Reise nach Dubai gebucht. Mit allem Schnickschnack. *Wie passend*, ging es ihr auf ihrer Autofahrt nach Hause durch den Kopf. *In Dubai sollen die heimischen Frauen angeblich immer noch recht kurzgehalten werden. Ob es stimmt? Auf jeden Fall gilt dort das Gesetz der Scharia.* Marie war sehr gespannt, was sie in Dubai erwartete. Sie hatte viel gehört und gelesen – doch was war wahr und was war Fantasie?

Fortschrittliches Dubai

Der Morgen des Abflugs in Richtung Arabische Emirate kam. Aufgeregt stiegen Marie und Sebastian ins Taxi. Nachdem der Fahrer ihre drei Koffer gut und sicher im Kofferraum verstaut hatte, fuhren sie zum Hamburger Flughafen. Die Entfernung war von ihrem schicken Einfamilienhaus am Hamburger Stadtrand gering. Lediglich fünfundzwanzig Kilometer … dennoch hatte Sebastian die Taxe drei Stunden vor dem Abflug bestellt. Dies sollte sich als eine ausgezeichnete Idee herausstellen. Der Verkehr auf der A7 in Richtung Flughafen Fuhlsbüttel floss aufgrund vieler Langzeitgroßbaustellen zäh.

Während der Fahrt zum Flughafen lief im Hintergrund leise Musik aus dem Radio, als Maries Interesse durch eine Nachrichtenmeldung des Radiosprechers geweckt wurde.

„Oh, das interessiert mich sehr. Würden Sie das Radio bitte einmal lauter stellen?", bat sie den Taxifahrer.

Im Radio berichtete der Moderator über die Gesetze der Scharia. Marie entnahm der Berichterstattung, dass auch im Iran das Gesetz der Scharia galt und dass dort darüber nachgedacht wurde, das Alter heiratsfähiger Mädchen von derzeit dreizehn Jahren auf neun Jahre herabzusetzen. Marie glaubte, nicht richtig gehört zu haben. *Dreizehn Jahre? Neun Jahre?*

„Sag mal, habe ich gerade richtig gehört? Im Iran wird tatsächlich darüber nachgedacht, das Alter heiratsfähiger Mädchen von derzeit dreizehn Jahren auf neun Jahre herabzusetzen?" Marie sah Sebastian schockiert und fragend an.

„Ja, du hast richtig gehört. Es soll gesenkt werden."

Als Grund der Herabsetzung nannte der Radiomoderator den Propheten des Islam. Dieser soll im Alter von ungefähr fünfzig Jahren ein kleines Mädchen geheiratet haben, das gerade einmal sechs Jahre alt war. Als das kleine Mädchen dann neun Jahre alt war, wurde es von Mohammed entjungfert und somit zur Frau gemacht. Im Radio wurde darüber diskutiert, dass die Rechte und Ansprüche der Menschen im Islam grundsätzlich nur als Reflexe religiöser Pflichten erscheinen. Daher sei die Freiheit des Einzelnen im Scharia-Recht weit mehr eingeschränkt als im abendländischen Recht. Während im abendländischen Recht alles erlaubt sei, was nicht gesetzlich verboten sei, verbietet der Islam alles, was nicht gesetzlich erlaubt ist. Der Islam erlaubt daher auch nicht den in unserer heutigen Rechtsprechung herrschenden Grundsatz der Vertragsfreiheit. Zulässig ist nur der Abschluss von Verträgen, die nach dem Recht der Scharia erlaubt sind.

„Sebastian, hast du *das* gewusst?“ Fragend sah Marie ihren Mann an.

„Nein. Ich hatte keine Ahnung.“

Der Fahrer benötigte durch einen langen Stau auf der Autobahn mehr als vierzig Minuten Fahrzeit. Dennoch hielt das Taxi pünktlich direkt vor ihrem Abflugterminal. Schnell stieg der Fahrer gemeinsam mit Marie und Sebastian aus, um ihnen hilfsbereit und trinkgeldorientiert die Koffer aus dem Kofferraum zu holen. Während der Kofferübergabe versäumte er es nicht, ihnen einen guten Flug, einen schönen Urlaub und eine gute Heimkehr zu wünschen.

Im Abflugterminal angekommen, irrten Marie und Sebastian zunächst in der riesigen Halle umher. Als sie ihren Abflugschalter endlich gefunden hatten, stellten sie sich in einer der vier nicht enden wollenden Menschenschlangen an. Gefühlte Tage später kamen sie an die Reihe und gaben ihr Gepäck auf. Von der Last ihrer Koffer befreit, schlenderten sie gemächlich durch den Check-in-Schalter. Nach der Leibesvisitation tranken die beiden in bester Ferienlaune ein Glas Sekt, bevor es zum Aufruf der Passagiere ihres Fluges nach Dubai kam. Sieben Stunden später kamen sie nach einem ruhigen Flug wohlbehalten auf dem imposanten Flughafen Dubais an. Was für ein erster Eindruck, was für eine Skyline!

Nachdem sie sich nach einigen orientierungslosen Minuten durch das Flughafenterminal gekämpft hatten, suchten Marie und Sebastian vor dem Flughafengebäude ihren Zubringerbus zum Hotel. Mit ihnen warteten noch zwei weitere Pärchen auf den Zubringer zum „Sofitel Dubai The Palm Resort & Spa". Sie mussten nicht lange warten, da wurden sie auch schon von zwei emsigen Angestellten des Veranstalters zu ihrem Bus geleitet. Während der Fahrt durch Dubai-Stadt zu ihrer Hotelanlage auf der Palmeninsel hing Marie ihren Gedanken nach. *Frauen in Dubai sind ganz besonders, denn sie verbinden Orient und Okzident. Wie in keinem anderen arabischen Land und auch keinem anderen Emirat in den Vereinigten Arabischen Emiraten hat sich das Rollenbild der Frau so stark der westlichen Welt angenähert wie in Dubai. Selbst wenn es für uns Touris nicht immer sichtbar ist.*

Maries Blick schweifte bei der Busfahrt über die verschleierten Frauen. Die Skyline Dubais war der Wahnsinn! Wolkenkratzer türmten sich meterhoch vor ihnen auf. Beeindruckt schaute Marie in die ebenfalls staunenden Augen Sebastians. „Was für ein wunderbarer Start in unseren Traumurlaub!", rief sie ihm fröhlich lachend zu. Eigentlich wollten Sebastian und Marie diese Reise gleich nach ihrer Hochzeit angetreten haben – doch immer war das Geld zu knapp gewesen. Nun passte alles zusammen! Ihr Konto war gut gefüllt und ihre Sehnsucht, dieses Land zu bereisen, war ungebrochen.

Es gibt einen ordentlichen Anteil Frauen, die sich vehement in die große und kleine Geschäftswelt dieses wundervollen Emirats stürzen. Bestens geschult und ausgebildet erobern sie die Businesswelt. Frauen genießen in Dubai ein hohes Ansehen und haben sogar einige Extrarechte, was für die arabische Welt eher ungewöhnlich ist. Dies ging ihr bei dem Blick durch das Fenster ihres Zubringerbusses durch den Kopf, als sie perfekt gestylte, wunderschöne Frauen am Steuer des einen oder anderen Luxusautos sah. Doch sie entdeckte neben protzigen Luxuskarossen ebenso viele Kleinwagen auf den Straßen. Sie erinnerte sich gelesen zu haben, dass sich bei offiziellen Stellen wie Behörden und Banken Frauen immer vorne anstellen dürfen und ihnen auch immer Sitzplätze zustehen. Männer hingegen müssen, dem Bericht zufolge, im Stehen warten. Zudem dürfen Frauen Auto fahren. Auch dürfen sie sich frei bewegen, und es gibt von offizieller Seite keinen Kopftuchzwang!

Wie Marie während des Fluges in ihrem Reiseführer gelesen hatte, war es kein Problem, in Dubai morgens Ski zu fahren, mittags in der coolen Eisbar „Chillout", in der ALLES aus Eis war – Stühle, Tische und selbstverständlich auch die Gläser –, einen eiskalten Drink in einer konstanten Temperatur von sechs Grad Celsius – zu sich zu nehmen und dann gut gelaunt mit einem der günstigen Taxen weiterzuziehen, um den Nachmittag an dem einen oder anderen Strand zu genießen. Am frühen Abend könnte noch ein kultureller Abstecher in die einzige für Nichtmuslime zugängliche Jumeirah-Moschee folgen, um letztlich am Abend den Creek mit einem Abra, einem Wassertaxi, zu überqueren, um sich anschließend genüsslich in einem Restaurant mit einem Gericht aus der heimischen Küche den Bauch vollzuschlagen. So könnte man den Tag aus „Tausendundeiner Nacht" gemütlich ausklingen lassen und geflasht ins Hotel zurückkehren …

So eine wunderbare Aussicht auf Urlaubsfeeling gibt es sonst wohl an keinem anderen Ort auf der Welt!, sinnierte sie schmunzelnd.

Laut ihrem Dubai-Reiseführer profitieren Alleinreisende von dem modernen Emirat. Die Männer – so sagte der Reiseführer – treten Frauen immer äußerst respektvoll gegenüber, wenn sie sich alleine in Dubai bewegen. *Ich hoffe doch sehr, auch wenn mein Mann dabei ist.* Ein Lächeln glitt über ihr Gesicht. In dem Reiseführer stand auch, dass es für Frauen absolut kein Problem sei, spät in der Nacht durch Dubai zu schlendern. Man sagt in Dubai nicht ohne Stolz, dass eher ein Kamel durch ein Nadelöhr geht, als dass eine Frau von einem Mann belästigt wird! Der Grund für diese enorme Sicherheit sind harte Strafen, die den Männern bei der Belästigung einer Frau drohen. *Ach ja, in Dubai bin ich wirklich gut aufgehoben! In diesem Land haben die Frauen viele Privilegien. In Dubai ist es Alltag, dass Frauen ohne männliche Begleitung Auto fahren. Frauen dürfen sich Mietwagen ausleihen und auch ohne männliche Begleitung mit dem Bus fahren – in diesen gibt es sogar Frauensitzplätze. Nicht etwa als eine Art Diskriminierung, sondern als eine Respektsbezeugung! Völlig ungestört sind wir Frauen an bestimmten Tagen an einigen öffentlichen Standabschnitten. Diese sind dann ausschließlich uns zugänglich – ausgenommen männliche Knirpse bis acht Jahre. In einigen Restaurants gibt es Tische nur für Frauen – dieses Goody ist allerdings ein Angebot und kein Muss! Sicherlich kann es schon einmal vorkommen, dass sich die eine oder andere Frau beobachtet fühlt – doch das ist bei uns in Europa und in sonstigen Ländern auf unserem Erdball nicht anders. Im Gegenteil, wenn Frauen alleine in südlichen Teilen Europas oder in anderen Teilen der Erde, zum Beispiel in Ostafrika, Urlaub machen, starten viele einheimische Männer plumpe Annäherungsversuche. Soweit ich weiß, haben diese Gigolos leider auch oft genug Glück mit ihren schmalzigen Gefühlsduseleien.*

Marie wurde nachdenklich. Ihr fiel eine Begebenheit ein, die sich kurz vor ihrem Urlaub in ihrem Studio ereignet hatte. Eine ihrer Kundinnen, eine gestandene, alleinstehende, emanzipierte Geschäftsfrau, fuhr bis vor einigen Monaten drei-, viermal im Jahr nach Ostafrika. Dort hatte sie auf einer ihrer Urlaubsreisen in ihrem Hotel einen feurigen, appetitlichen, jungen afrikanischen Animateur kennengelernt. Dieser versprach ihr das Blaue vom Himmel … Ehe, gemeinsame Zukunft und so weiter … doch leider gab er das Eheversprechen auch noch fünf weiteren Frauen aus Europa. Wie sich im Nachhinein herausstellte, war er bereits mit einer Frau seines Stammes verheiratet und hatte mit ihr zwei gemeinsame Kinder. Ihrer Kundin liefen die Tränen über die Wangen, als sie ihr von ihrer verschmähten Liebe erzählte. Zu dem emotionalen Verlust kam auch noch ein finanzieller. Die Frau hatte ihrem um rund zwei Jahrzehnte jüngeren Liebhaber blauäugig ein Bankkonto eröffnet. Gutgläubig ließ sie ihm monatlich Geld für die gemeinsame Zukunft zukommen. Herausgekommen war dieser Schwindel nur durch einen Zufall. Dem Internet sei Dank! *Wie blöd oder wie einsam oder beides muss man sein! Tja, wenn die Hormone anfangen, Cha-Cha-Cha zu tanzen, schaltet der Verstand ab*!, ging Marie durch den Kopf, als sie an dieses Gespräch dachte.

Wie die kompetente Reiseverkehrskauffrau ihnen bei ihrer Buchung riet, sollten sie in Dubai auf die Auswahl ihrer Kleidung achten. Auch in ihrem Reiseführer stand: „*In diesem Land trifft man auf den modernen Islam, und doch gibt es ein paar kleine Einschränkungen, die mit der islamischen Religion zusammenhängen. Zum Beispiel sollten außerhalb der Hotelanlage die Schultern und die Knie bedeckt werden. Sowohl beim Mann als auch bei der Frau. Bei Frauen gelten Spaghettitops und Hotpants als anstößig. Trotz aller Offenheit und westlicher Ausrichtung ist zu bedenken, dass man ein muslimisches Land bereist. Viele Ver-*

bote anderer arabischer Länder gelten im liberalen Dubai nicht. Eine Frau findet in Dubai alles, was sie sich für einen perfekten Urlaub wünscht: Erholung, Entdeckung, Shopping bis zum Abwinken, Museen, Sonne, Strand und Meer – und das alles ohne jegliche Einschränkung.“ Diese Aussagen weckten Maries Neugierde auf das Land und ihre Bewohner.

Für Marie und Sebastian war dies nicht die erste Reise in den Orient. Sie hatten bereits die Türkei, Tunesien, Ägypten, Marokko und Algerien bereist. Ihr großer Traum war nach ihrer Dubai-Reise eine Fahrt mit dem Orientexpress auf seiner Originalstrecke. Ebenfalls wollten sie einmal im Leben das Märchenland Oman kennenlernen.

In ihrem Hotel angekommen, trauten Marie und Sebastian ihren Augen nicht! Das Hotelmanagement hatte ihnen ohne Aufpreis in einem der Häuser des Luxushotels eine Suite angeboten. Ihr Deluxe-Doppelzimmer war überbucht und daher kamen sie in den Genuss einer der großen Suiten – Meerblick und 24-stündiger Butlerservice inklusive. Ihnen standen für die Zeit ihres Aufenthalts mehr als zweihundert Quadratmeter purer Luxus zur Verfügung.

Während ihres Urlaubs erfuhren sie, dass in Dubai-Stadt – wie auch im Rest des Landes – die Emiratis in der Minderheit waren. Bei einer ihrer Touren mit dem Taxi vom Hotel nach Dubai-Stadt fragte Marie den Taxifahrer aus, der bereitwillig Auskunft gab. Er verriet ihr, dass etwa 80 Prozent der Einwohner Ausländer seien, die emsig den größten Teil der Wirtschaftsleistung des Landes erbringen würden. Die meisten Arbeitsmigranten kamen laut seiner Aussage aus Asien. Die Boomtown würde allerdings auch viele Menschen aus anderen Kontinenten anlocken. Der Taxifahrer berichtete Sebastian und Marie auch, dass lediglich ein Viertel aller Migranten weiblich waren. Dieses Missverhältnis würde sich seiner Meinung nach erst entspannen, wenn den Arbeitsmigranten erlaubt werden würde, ihre Angehörigen nachkommen zu lassen. Derzeit war dies strengstens verboten, so der Taxifahrer. Dafür hätten jedoch viele Arbeiter zwei Monate Urlaub im Jahr und würden diesen nutzen, um zu ihren Familien zu reisen. Doch trotz alledem fühle er sich wohl und die Sozialleistungen seien auch sehr gut, schwärmte der Fahrer. Das Land hätte so gut wie keine Arbeitslosen. Beim Verlust des Jobs und wenn keine Chancen auf einen neuen bestünden, würde den Betroffenen die Ausweisung aus dem Land drohen.

Nicht zu übersehen war, dass in Dubai durch den Herrscher Scheich Mohammed bin Rashid an allen Ecken unglaubliche Bauwerke der Superlative aus dem Wüstenboden gestampft wurden. Marie und Sebastian waren mächtig beeindruckt! Während ihrer rund 40-minütigen Autofahrt nahmen sie durch riesige Plakatwände zur Kenntnis, dass im Jahr 2020 die Expo in Dubai beheimatet sein wird. Sebastian und Marie erfuhren, dass die einheimische Bevölkerung und die hoch qualifizierten Arbeitsmigranten aus Europa und den Vereinigten Staaten in der Regel sehr wohlhabend sind, während die meisten ungelernten Arbeitsmigranten nur über ein äußerst geringes Einkommen verfügen. Die ungelernten Arbeitskräfte verdienten weniger als fünf US-Dollar pro Arbeitstag, berichtete ihr Fahrer. *Das erklärt natürlich auch die vielen Kleinwagen auf den Straßen*, ging Marie durch den Kopf.

Sebastian und Marie hörten ihrem Fahrer weiterhin gespannt zu. Die Einheimischen standen laut Fahrer anderen Religionsgemeinschaften durchaus offen gegenüber, was den vielen Migranten geschuldet war. Marie sah sich ihren Fahrer genauer an.

Arabisch siehst du auch nicht aus. Ich tippe auf Inder. Marie musste schmunzeln, während der Fahrer Sebastian und sie weiter über die Verhältnisse in Dubai aufklärte. „Neben den Einheimischen zählen Sunniten, Hindus, Sikhs, Schiiten und Christen zu den Bewohnern Dubais." Beeindruckend fand Marie, dass die katholische Pfarrei der Stadt Dubai rund siebzigtausend Mitglieder umfassen soll und dass es sogar einen Hindutempel und einen Sikh-Gurudwara gibt. Nicht neu war ihnen, dass die offizielle Sprache Arabisch ist, jedoch Englisch im Alltag weit verbreitet ist, und dass sich sowohl fast alle jüngeren Emiratis als auch der große Teil der angeworbenen Arbeitskräfte auf Englisch verständigen. Neu war ihnen jedoch, dass die Wochenenden in Dubai und den Vereinigten Arabischen Emiraten seit September 2006 auf den Freitag und Samstag festgelegt sind. Vor 2006 sollen es der Donnerstag und der Freitag gewesen sein. Für einen Großteil der Arbeitsmigranten gebe es eine Sechstagewoche, somit beschränke sich bei ihnen das Wochenende lediglich auf den Freitag, so der sachkundige Fahrer. Auch war ihnen neu, dass Dubai seit 2013 mit jährlich bis zu 14 Millionen Touristen zu den meistbesuchten Städten der Welt gehört. Marie war wenig erstaunt zu hören, dass der Dubai International Airport zu den bedeutendsten Flughäfen des Nahen Ostens zählt. Wie sie bereits wussten, erzählte ihnen der gespächige Fahrer, dass in Dubai das Recht der Scharia herrscht. „Das religiöse Gesetzeswerk erlaubt es auch im 21. Jahrhundert untreue Frauen zu steinigen und Dieben die Hand abzuschlagen." So ihr Fahrer.

Marie und Sebastian waren dem Taxifahrer für seine umfangreichen Erklärungen während ihrer Entdeckungstour sehr dankbar. Dies machte sich auch abschließend in seinem Trinkgeld bemerkbar.

Sie hatten sich bis zum Zeitpunkt der Buchung ihrer Reise nur begrenzt mit der Scharia auseinandergesetzt … doch nun, da sie in einem Land Urlaub machten, in dem das Recht der

Scharia gilt, hatten sie sich zuvor mit diesem Rechtssystem beschäftigt. Wie sie recherchieren konnten, hatte die Scharia ihren Ursprung im Koran. Scharia bedeutet eigentlich „Pfad“ und meint im Koran, in dem sie lediglich ein einziges Mal erwähnt wird, ganz allgemein die Religion. Später erhielt das Wort die spezifische Bedeutung „Gesetz“, und so wird heute das islamische Gesetz insgesamt als Scharia bezeichnet. In der Sure 45, Vers 18 heißt es: *„Haben wir dich … auf einen Weg (shari'a) zur Errettung festgelegt.“* Die ursprüngliche Bedeutung des Wortes, die nie versiegende Wasserstelle im ausgedörrten Land beziehungsweise der Weg, der zu ihr führt, ist noch zu erkennen. Aus dieser Passage wurde der für Muslime göttliche Ursprung der Scharia hergeleitet. Interessiert nahm Marie zur Kenntnis, dass die Scharia als unfehlbare Pflichtenlehre das gesamte religiöse, politische, soziale, häusliche und individuelle Leben sowohl der Muslime als auch das Leben der im islamischen Staat geduldeten Andersgläubigen umfasst.

Marie und Sebastian verbrachten unvergessliche „Flitterwochen“ in Dubai. Wohl auch, weil sie in ihrer Hotelanlage zwei alleinreisende Frauen beim Abendessen kennengelernt hatten, die sie hin und wieder auf so mancher Sightseeingtour begleiteten und sie dabei oft genug auch zum Kauf diverser Mitbringsel verleiteten: Gwendolyn und Doris. Die beiden Frauen waren seit vielen Jahren Dubai-erprobt und mit allen Wassern bei dem einen oder anderen Einkauf gewaschen. Die beiden extrovertierten, gut betuchten Ladys rundeten ihren märchenhaften Dubai-Urlaub ab. Sowohl Sebastian als auch Marie verließen das Land mit einem weinenden und einem lachenden Auge – jedoch nicht, ohne sich zu schwören, ein Jahr bevor die Expo im Jahr 2020 Einzug im Wüstenland der Scheiche halten würde, noch einmal zurückzukommen und sich anzusehen, was die unfassbar vielen fleißigen Arbeitsbienen auf den unzähligen Baustellen an Bauwerken und Superlativen in diesem wunderbaren Land geschaffen haben.

Angestachelt durch ihre Erlebnisse in dem kultivierten, äußerst fortschrittlichen und westlich orientierten arabischen Land machte sich Marie, als sie mit Sebastian wieder in Deutschland gelandet war und sich zwei Wochen später wieder akklimatisiert hatte, im Internet auf die Suche nach Frauen, die Weltgeschichte auf der großen und kleinen Bühne unseres Planeten geschrieben hatten. Marie war es bei ihrer Suche wichtig, nicht nur Frauen aus dem internationalen, sondern auch aus dem nationalen Bereich zu finden. Sie stieß auf heimische Frauen, die durchaus eine beeindruckende Vita hatten. Das Internet gab viel her – doch es war auch verworren.

Beate Uhse – eine beeindruckende Frau

Am Morgen hatte der Postbote Marie und ihrem Mann eine schriftliche Einladung einer guten Freundin Maries zur Wohnungseinweihung zukommen lassen. Mit ihrem MINI Cooper fuhr Marie nun drei Tage später, an ihrem freien Tag, in die Stadt, um ein passendes Geschenk für die neue Wohnung ihrer Freundin zu finden. Sie steuerte für dieses Vorhaben Hamburgs größte überdachte Shoppingmeile an. Die Europapassage schien ihr am geeignetsten. Einhundertzwanzig Geschäfte auf einer Fläche von dreißigtausend Quadratmetern erstreckten sich auf fünf Etagen. In dieser Mall sollte sich doch ein passendes Geschenk für Hanna finden lassen!

Als sie nach einer leidigen Parkplatzsuche endlich im Parkhaus des Centers fündig wurde, landete sie fünf Minuten später im Shoppingparadies. Vor einem kleinen Buchladen machte sie halt. Die Schaufensterauslage weckte ihr Interesse. Es waren lauter Bücher von Beate Uhse ausgestellt. Neugierig inspizierte Marie die Schaufensterdekoration.

Wow! Hallo Beate, auf dich bin ich doch bereits vor ein paar Tagen während meiner Google-Recherche gestoßen! Wenn das jetzt mal kein Zufall ist! Was für ein interessantes Thema! Sie betrat den Verkaufsraum. Von einer emsigen und nicht weniger umsatzorientierten Buchhändlerin ließ sie sich sowohl über die Frauenbewegungen als auch über prominente und interessante Frauen der Weltgeschichte Bücher zeigen. Marie interessierte sich für internationale und heimische Frauenbewegungen und Frauen, die aktiv mitgewirkt hatten, das Frauenbild und die Rolle der Frau im 20. und 21. Jahrhundert zu gestalten. Am Ende erstand sie fünf Bücher. Sie ging mit ihrem gut gefüllten Einkaufskorb an die Kasse. *Myladys, ich bin schon sehr gespannt, welche abenteuerlichen Geschichten ihr mir zu berichten habt,* ging Marie durch den Kopf, als sie die Cover ihrer Bücher in der langen Schlange an der Kasse betrachtete. Die Klappentexte hörten sich äußerst interessant an. Als sie an der Reihe war und von dem netten Buchhändler freundlich lächelnd zur Kasse gebeten wurde, traf sie fast der Schlag. Stattliche 139 Euro und fünfzig Cent sollte sie für das Stillen ihres Wissensdurstes bezahlen. *Na, zum Glück gibt es für solche Fälle Kreditkart*en. Marie schmunzelte und überreichte dem Buchhändler ihre MasterCard.

Bevor sie sich auf die Suche nach einem passenden Dekoartikel für die neue Wohnung ihrer Freundin machte, brachte sie ihre Errungenschaften zu ihrem Auto. Marie war nun froh über ihre Entscheidung, ihrer Bequemlichkeit gefolgt und trotz der hohen Parkgebühren ins Parkhaus der Mall gefahren zu sein.

Auf ihrer weiteren Einkaufstour wurde sie nach weiteren geschlagenen drei Stunden fündig. Sie erstand in einer hippen Wohnboutique eine wunderschöne kleine Collage ihres Lieblingsmalers Friedensreich Hundertwasser, die sie ihrer Freundin zum Einzug in die neue Wohnung schenken wollte. Die Wände in ihrem Haus waren allesamt mit Hundertwasser dekoriert. Schon oft hatte ihre Freundin Hanna vor der einen oder anderen Collage gestanden und diese bewundert.

Als Marie gegen achtzehn Uhr zu Hause ankam, taten ihr die Füße weh. Fünf Stunden hatte sie in der Mall verbracht. Sie hatte zwar keinen Schrittzähler, vermutete aber, eine zweistellige Kilometerzahl gelaufen zu sein.

Sebastian war noch nicht zu Hause. Marie nutzte die Zeit, um sich zur Entspannung eine Wanne mit heißem Wasser einlaufen zu lassen. Sie wollte ihre im Stand-by-Modus schlafenden Lebensgeister mit einem Aromabad wieder zu neuem Leben erwecken. Während das Wasser in die Wanne einlief, schenkte sie sich ein Glas Sekt ein. Keine fünf Minuten später stieg sie mit dem gut gefüllten Glas und einem der neu erstandenen Bücher, einem Buch über die Unternehmerin Beate Uhse-Köstlin, in die Wanne. Beim Lesen zog die Vita Beate Uhses sie mehr und mehr in ihren Bann.

Beate Uhses Kindheit und Jugend las sich abenteuerlich. Geboren wurde sie als Beate Köstlin am 25. Oktober 1919 in Wargenau bei Cranz, Ostpreußen, als drittes Kind des Gutsbesitzers Köstlin und seiner Frau, einer Ärztin. Von Kindesbeinen an wurde sie seitens ihres Elternhauses gefördert. Sie erhielt eine gute Schulbildung, und nach einem Jahr Au-pair-Aufenthalt in England, als Sechzehnjährige, absolvierte sie eine Ausbildung zur Hauswirtschafterin. Ferner spendierten ihre Eltern ihr Flugstunden, und im zarten Alter von siebzehn Jahren erwarb Beate Uhse den Luftfahrerschein für Flugzeugführer, der sich in ihrem späteren Leben noch bezahlt machen sollte.

Beate Uhse gilt als eine der Wegbereiterinnen zu einer offeneren, freieren Gesellschaft. Sie war es, die den Spaß in die Schlafzimmer der spießigen Gesellschaft brachte. Doch bevor sie den Grundstein zu ihrem Imperium legen konnte und vielen den Einzug in den siebten Himmel gewährte, war es noch ein langer Weg. Zu Recht gilt sie als Mutter Courage des Tabubruchs.

Wie Marie dem Buch entnehmen konnte, war Beate Uhse nicht nur als Geschäftsfrau eine große Nummer. Jahre vor dem Aufbau ihres Unternehmens hatte sie sich doch tatsächlich als Pilotin einen Namen gemacht. *Diese Frau hat für uns Frauen auf so einigen Gebieten eine Lanze gebrochen! Sie hatte nicht nur den Flugschein in der Tasche, sondern machte auch noch ihr Hobby zum Beruf!* Sie schmunzelte und las interessiert weiter.

In einer von Männern regierten Welt hatte Beate Uhse es als Frau geschafft, sich zwei Jahre vor dem Zweiten Weltkrieg als Pilotin einen Namen zu machen. Sie setzte sich sehr erfolgreich durch. Gespannt las Marie weiter. Am 7. August 1937 durfte Beate Uhse, die sich bereits als Kind für die Geschichte des Ikarus begeisterte, bei der Fliegerschule Rangsdorf bei Berlin mit einem Fluglehrer erstmals fliegen. Drei Wochen später folgte der erste Alleinflug. Von ihrem Fluglehrer wurde sie auf andere Flugzeuge umgeschult und flog zum ersten Mal auf einem Bücker Sport-, Schul- und Übungsflugzeug. Mit einem zweitägigen Soloüberlandflug schloss sie ihre Ausbildung im Oktober ab und erhielt pünktlich zu ihrem achtzehnten Geburtstag ihren Sportflugschein. Von November 1937 bis April 1938 arbeitete sie sodann als Praktikantin bei der Bücker Flugzeugbau GmbH in Rangsdorf und durchlief alle Bereiche der Firma. Während dieser Zeit bildete sie sich erneut weiter und begann mit der Kunstfliegerei. Ihr Fluglehrer war Hans-Jürgen Uhse. Innerhalb eines Jahres legte sie zwei Kunstflugprüfungen ab. Zuvor brillierte sie bei einigen Zuverlässigkeitswettbewerben für deutsche Flugzeuge mit ihrem Können. Auf einigen dieser vorwiegend militärisch angelegten Veranstaltungen belegte sie die Plätze eins bis drei.

Nach ihrem Praktikum wurde Beate Uhse von Bücker als Pilotin eingestellt. Sie flog neue und reparierte Flugzeuge ein. Mehr noch … sie überführte diese auch. In einer Blitzhochzeit heiratete sie Hans-Jürgen Uhse Ende September 1939. Die geplante Hochzeit im Oktober desselben Jahres wurde hinfällig, da ihr Mann eingezogen wurde. Lediglich vier Stunden nach ihrer Trauung musste er in den Krieg.

Eine Filmfirma suchte im selben Jahr einen Piloten als Schauspieldouble. Auf der Suche nach einem Double fragte die Firma auch bei Beate Uhses Arbeitgeber an. Der Pilot sollte ein Flugzeug am Boden rollen und es sicher fliegen können, während die Filmhelden im hinteren Sitz die kühnen Flieger spielten. Bücker schlug Beate Uhse vor. Sie passte ausgezeichnet ins Profil – war tollkühn und zudem klein genug, um sich im vorderen Sitz verstecken zu können. Im Film „Achtung! Feind hört mit!", flog sie für René Deltgen, und auch in einem weiteren Film wirkte sie mit.

Anfang April 1942 wechselte Beate Uhse dann von Bücker ins neu gegründete Flugzeugreparaturwerk von Alfred Friedrich in Strausberg. 1943 wurde ihr erster Sohn Klaus geboren. Man gestattete ihr, da sie in einem kriegswichtigen Betrieb arbeitete, weiterhin zu arbeiten. Eine große Ausnahme zu dieser Zeit! Ferner erhielt sie ein weiteres Privileg: Sie durfte ein Kindermädchen einstellen, das auch ihr Haus in Rangsdorf hütete. Ab April 1944 wurde sie häufig zu Überführungsflügen herangezogen. Bei der Luftwaffe flog sie diverse Flugzeugtypen. Ab Oktober 1944 wurde sie in den Rang eines Hauptmanns gehoben. Im Mai desselben Jahres verunglückte ihr Mann bei einer Flugzeugkollision tödlich. Beate Uhse wurde mit sechsundzwanzig Jahren Witwe und war nunmehr alleinerziehende Mutter eines einjährigen Sohnes. Ende April 1945, beim Einmarsch der Roten Armee, konnte sie gemeinsam mit ihrem inzwischen zweijährigen Sohn, ihrem Kindermädchen und vier Flüchtlingen in einem zivilen Reiseflugzeug in einer waghalsigen Flucht von Berlin-Gatow zunächst nach Barth und von dort aus, nur wenige Tage später, über Travemünde nach Leck und schließlich nach Flensburg flüchten. Ihre Karriere als Berufspilotin war nach dem Krieg zu Ende. Es war den Piloten der ehemaligen Deutschen Luftwaffe durch die Besatzungsmächte verboten, weiterhin zu fliegen. Sie erhielten für viele Jahre keine Flugerlaubnis mehr. Somit begann mit ihrer Flucht für Beate Uhse und ihren Sohn Klaus ein neuer Lebensabschnitt.

Sie suchte nach einer Alternative, um sich und ihren Sohn durchzubringen. Zunächst hielt sie ihren Sohn und sich mit Schwarzmarktgeschäften über Wasser. Ihre Produkte – Spielzeug, Knöpfe und Haushaltswaren – verkaufte sie von Tür zu Tür. Beim „Klinkenputzen" kam man ins Gespräch, und Beate Uhse lernte auf diesem Weg viele Frauensorgen und -nöte, auch in Sachen Verhütung, kennen. Die Frauen sehnten sich nach Zweisamkeit – fürchteten jedoch das Risiko des ungeschützten Geschlechtsverkehrs. Wie die Frauen Beate Uhse erzählten, wussten sie sich in ihrer Not oft nicht anders zu helfen, als bei einer nicht gewollten Empfängnis eine Engelmacherin aufzusuchen. Ein gefährliches Unterfangen. Sie muss eine interessierte Zuhörerin gewesen sein, denn viele Frauen fassten Vertrauen zu ihr und baten sie um Rat und/oder Unterstützung. Beate Uhse half zunächst nur mit Ratschlägen. Sodann erinnerte sie sich an die Aufklärung über Sexualität, Sexualhygiene und Verhütung, die sie als junges Mädchen von ihrer inzwischen verstorbenen Mutter erhalten hatte.

So kam es, dass sie 1946 die „Schrift X" über die Verhütungsmethode nach Knaus-Ogino als Broschüre herausgab. Auf einer geliehenen Schreibmaschine schrieb sie ihre „Schrift X". In einer Flensburger Druckerei ließ sie eine Erstauflage von zweitausend Stück zuzüglich tausend Werbezetteln im Tausch für Lebensmittelmarken im Gegenwert von fünf Pfund Butter drucken. In der dünnen Lektüre klärte sie das prüde Nachkriegsdeutschland über sichere und unsichere Tage auf. Kaum waren die Werbezettel verteilt, gingen die Bestellungen ein. Bis zu zwanzig Stück am Tag. Schnell folgten weitere Auflagen. Gefolgt vom ersten Skandal. Der Skandal über das Heftchen lässt sich für uns in unserer heutigen Zeit schwer nachvollziehen. Der Inhalt selbst war nicht weiter skandalös ... der eigentliche Skandal war, dass Beate Uhse in ihrer „Schrift X" offen über die Verhütung sprach. Fast zwanzig Jahre zuvor hatten der österreichische Gynäkologe Hermann Knaus und sein japanischer Kollege Kyusaku Ogino des Rätsels Lösung über den weiblichen Zyklus – an welchen Tagen eine Frau verhüten muss und wann nicht – gefunden. Beate Uhses Aufklärungsheft wurde ein Renner – und bis 1947 verkaufte es sich mehr als 32. 000 Mal. Der Riesenrun auf ihren Verhütungsratgeber über die sicheren und unsicheren Tage der Frau war der finanzielle Grundstein ihres späteren Erfolges.

1947 lernte Beate Uhse ihren späteren Ehemann Ernst-Walter Rotermund kennen. Rotermund war erst kurz zuvor von seiner Frau geschieden worden. Der Unternehmer hatte zwei Kinder, Bärbel und Dirk. Aus der Urlaubsbekanntschaft wurde Liebe.

Beate Uhse war eine FKK-Anhängerin – 1947 soll sie ihren zweiten Ehemann nackt an einem Strand kennengelernt haben.

Was für eine kluge Frau! So kann es später auf beiden Seiten keine bösen Überraschungen geben, dachte Marie und trank einen Schluck Sekt aus der Sektflöte, die sie neben sich auf den Wannenrand gestellt hatte, um sich sodann wieder in das Buch über Beate Uhse zu vertiefen.

1949 heiratete Beate Uhse den Kaufmann Ernst-Walter Rotermund. Gemeinsam bekamen sie einen Sohn – Ulrich. Beate Uhses zweiter leiblicher Sohn erblickte 1950 das Licht der Welt. 1951 gründete sie mit lediglich vier Angestellten ihr heutiges, riesiges Erotikreich: das Versandhaus Beate Uhse. Das Versandhaus hatte in seinen Anfängen ein überschaubares Warenangebot. Lediglich rund fünfzig Artikel waren in dem ersten Uhse-Katalog gelistet, der 1952 zum Thema „Stimmt in unserer Ehe alles?" herausgegeben wurde.

Die Nachfrage in ihrem Fachgeschäft für Ehehygiene war groß, und bereits zwei Jahre später hatte die kleine Firma schon vierzehn Angestellte. Anfang der 1960er-Jahre verzeichnete ihr

Unternehmen bereits fünf Millionen Kunden. 1962 eröffnete Beate Uhse in Flensburg den ersten Sexshop der Welt. Auf Anraten ihres Anwaltes eröffnete sie das Geschäft zu Weihnachten. Zur Weihnachtszeit waren keine Übergriffe empörter Bürger zu befürchten. Eine Rechnung, die aufging. In ihrem Geschäft und im Katalog bot sie mehr und mehr sogenannte „Artikel für die Ehehygiene“ an.

Beate Uhse fand in ihrer zweiten Ehe keine lebenslange Erfüllung. Ihre mehr als zwanzigjährige Ehe mit Ernst-Walter Rotermund wurde Anfang Mai 1972 geschieden.

1976, im Alter von 57 Jahren, sprang Beate Uhse aus zweitausend Metern über Massachusetts mit dem Fallschirm ab, machte ihren Tauchschein und gründete im selben Jahr ihre Kinokette.

Marie war von dem Lebenslauf Beate Uhses völlig geflasht. *Was hat diese Frau nur für ein beachtliches Tempo!*, schoss es ihr durch den Kopf.

Interessiert las sie weiter. 1981 stampfte Beate Uhse gemeinsam mit ihrem Sohn Ulrich die heutige Beate Uhse AG aus dem Boden. Im selben Jahr wurde der Orion Versand ausgegliedert, um das Unternehmen in zwei Familienstämme aufzuteilen.

Gemeinsam mit ihrem Sohn Ulrich steuerte Beate Uhse-Rotermund, die auch nach ihrer Ehe mit Ernst-Walter Rotermund unter dem alten Namen *Uhse* die Läden und den Großhandel weiterleitete, die Geschäfte. Der Name *Uhse* war zwischenzeitig eine Marke geworden. Ihr Sohn Klaus Uhse sowie ihr Stiefsohn Dirk Rotermund führten den Versand und den Verlag unter dem Namen Orion weiter. 1983 diagnostizierte man bei ihr Magenkrebs – dieser konnte komplett geheilt werden. 1984 ereilte Beate Uhse der nächste Schicksalsschlag – ihr Sohn Klaus erlag seinem Krebsleiden.

Dirk Rotermund wandte sich bei der Neuausrichtung seiner Ladenkette an Werner Susemichel, dem Konkurrenten von Beate Uhse, der die FCV Erotic-Shops betrieb. Beide einigten sich auf eine Kooperation: die FCV-Shops firmieren seit der Gründung der Orion Fachgeschäfte GmbH 1986 unter der Marke Orion.

1989 wurde der Erotik-Revolutionärin Beate Uhse das Bundesverdienstkreuz am Bande verliehen.

Aufgrund mehrerer Anzeigen des *Volkswartbundes* und weiterer Bürger wurden diverse Sexspielzeuge und Hilfsmittel aus dem Hause Uhse polizeilich verfolgt. Diese würden gegen *Zucht und gute Sitte verstoßen, außerdem dienten sie der Aufpeitschung und Befriedigung geschlechtlicher Reize.* Einmal ging sogar eine Klage ein, weil Beate Uhse Kondome mit Noppen und Stacheln auf den Markt gebracht hatte. Sage und schreibe mehr als zweitausend Anzeigen wurden bis 1992 gegen Beate Uhses Geschäft eingereicht. Marie musste laut auflachen. *Typischer Fall von Doppelmoral! Verklemmte Spießgesellschaft!*, ging ihr durch den Kopf.

Der Börsenverein des Deutschen Buchhandels verweigerte Beate Uhses Stephenson Verlag mit der Begründung *sittlicher Bedenken* den Eintritt. Der Flensburger Tennisclub wollte sie wegen *allgemeiner Bedenken* nicht als Mitglied in seinen elitären Hallen akzeptieren. Für Beate Uhse war das kein Problem. Sie hatte Geld genug und ließ sich einen eigenen Tennisplatz bauen. *Die Art und Weise, wie ihr die feine und prüde Gesellschaft entgegentrat, muss sie sehr verletzt haben.* Marie legte ihre Stirn in Falten.

Aufgrund ihres geschäftlichen Erfolges leistete sie sich ein Flugzeug, eine Cessna. Marie las weiter. 1999 ging das

Unternehmen an die Börse. Ebenfalls im Jahr 1999 durfte Beate Uhse sich zu ihrem achtzigsten Geburtstag im Goldenen Buch der Stadt Flensburg verewigen. Die Ehrenbürgerwürde der Stadt Flensburg erhielt sie jedoch nicht. Diese wurde ihr tatsächlich verwehrt. Marie schüttelte den Kopf. *Da bekommen Idioten, die die „richtigen" Kontakte haben, eine Ehrenbürgerwürde hinterhergeschmissen und einer so erfolgreichen Unternehmerin wird sie versagt, weil sie mit der Lust an der Lust ihr Geld verdient. Was für Heuchler!* Sie zog ihre Nase kraus.

Beate Uhse starb im Juli 2001 in einer Schweizer Klinik an den Folgen einer schweren Lungenentzündung. Später wurde sie auf dem Glücksburger Friedhof beerdigt. Eine späte Ehre wurde ihr durch die Benennung einer Stichstraße in einem Flensburger Neubaugebiet zuteil. Die Beate-Rotermund-Straße in Sünderup erinnert heute an diese große Unternehmerin. *Wow, was für ein beachtlicher Werdegang!*, dachte Marie. So vieles hatte sie über diese große Unternehmerin nicht gewusst. *Ob ihr wohl auch der Spagat zwischen Karriere und Mutterrolle geglückt ist?* Gedankenversunken schloss Marie das Buch und legte es auf dem Wannenrand ab. Das Bad war eine Wohltat. Mit neuer Energie und viel Elan stieg sie aus der Wanne und folgte Sebastians Lockruf – dem Duft von gebackenen Brötchen und heißer Brühe. Sebastian war nämlich inzwischen nach Hause gekommen und hatte im Wohnzimmer das Fondue vorbereitet.

Zwei Tage später saß Marie bei schönstem Sommerwetter auf der Terrasse ihres Hauses vor ihrem Laptop, als sie beim Surfen im Netz über eine weitere sehr beeindruckende Vita einer imponierenden Frau stolperte – die der englischen Königin.

„Mensch, Sebastian, wusstest du, dass die englische Königin eine sehr emanzipierte Frau ist? Stell dir mal vor, Anfang 1945 schloss sie sich dem *Auxiliary Territorial Service* an, wo sie als *Second Subaltern* Dienst leistete. Dort erhielt sie eine Ausbildung zur Lkw-Fahrerin und zur Mechanikerin. Nach fünf Monaten wurde sie zum *Junior Commander* ehrenhalber befördert. Wer hätte das gedacht? Ich nicht. Du etwa?“, fragte Marie ihren Gatten überrascht, der desinteressiert von seiner Zeitung aufblickte.

Die erste Welle der Frauenbewegung

Der Arbeitsalltag mit all seinen Höhen und Tiefen hatte Marie nur wenige Tage nach ihrer Dubai-Reise wieder fest im Griff. Wieder in ihrer gewohnten Umgebung angekommen, kreisten ihre Gedanken oft um ihre exotische Kundin mit der Burka. Die junge Frau hatte sie seit ihrer Begegnung im Sonnenstudio nicht wiedergesehen. Ob sie überhaupt noch einmal wiederkam? Durch diese doch sehr spezielle Anti-Emanzipationsbekennung angestachelt, las Marie nach ihrem Feierabend und auch an den Wochenenden viel in ihren neu erworbenen Büchern. An einem freien Wochenende nahm sie, nachdem sie das Buch über das Leben Beate Uhses verschlungen hatte, ein Buch über die Frauenbewegungen in die Hand. Diesem entnahm sie, dass der Kampf der Gleichberechtigung der Frauen in drei Frauenbewegungen gegliedert wird.

Im Zuge der Französischen Revolution wurde auch die Gleichheit zwischen Mann und Frau zum Thema gemacht. Zunächst vor allem in den Salons Europas, aber auch bei den Alt-Katholikinnen. Um 1750 eröffnete die Schriftstellerin Elizabeth Montagu in London ihren Salon für *schöngeistige Partys*. Einer der elitären Gäste des intellektuellen Zirkels, der zu den literarischen Diskussionen kam, war der Botaniker Benjamin Stillingfleet, der statt üblicher schwarzer Seidenstrümpfe billige blaue Strümpfe trug. Fortan wurden die Salonbesucher *Blue Stockings* – Blaustrümpfe – genannt.

Der Begriff „Blaustrumpf" galt Anfang des 19. Jahrhunderts zu Beginn der ersten Frauenrechtsbewegung als eine abwertende Bezeichnung für gebildete, jedoch unweiblich geltende Frauen. Man zählt sie zu den ersten Angehörigen einer Frauenbewegung in Europa. Die Blaustrümpfe waren keine organisierte Gruppe wie etwa die späteren Frauenrechtlerinnen, die abwertend auch als *Suffragetten* bezeichnet wurden. Blaustrümpfe waren Frauen aus dem Bürgertum, die dem zeitgenössischen Frauenbild widersprachen. Sie kämpften für das Frauenwahlrecht und den Zugang an den Hochschulen.

Früh kristallisierten sich in Bezug auf das Machtverhältnis zwischen den Geschlechtern zwei grundlegend verschiedene Auffassungen heraus, eine dualistische/differenzialistische und eine egalitäre/generalistische. Erstere ging von einer natürlich oder göttlich begründeten Verschiedenheit der Geschlechter aus und stellte die geschlechtsspezifische Arbeitsteilung nicht infrage. Diese Sichtweise herrschte in der frühen Frauenbewegung und dort besonders im bürgerlichen Flügel vor. Der egalitäre/generalistische Ansatz, der in der ersten Welle hauptsächlich im sozialistischen Flügel zugrunde gelegt wurde, basierte auf dem Gedanken, dass alle Menschen gleich sind. Es folgten berechtigte Forderungen nach der Gleichstellung der Geschlechter in allen Bereichen. Allerdings spielte dieser Ansatz bis in die 1960er-Jahre nur eine untergeordnete Rolle. Erst mit der radikalen Gesellschaftsauseinandersetzung der neuen Frauenbewegung erfuhr der egalitäre Ansatz einen neuen Aufschwung.

In den USA entstand die erste Welle der Frauenbewegung im Zuge der Anti-Sklaverei-Bewegung. Unter den Anti-Sklaverei-Reformern befanden sich auch viele religiös motivierte Frauen. Sie erkannten, dass nicht nur die Rechte der Afroamerikaner, sondern auch die Rechte der Frauen nicht den Bürgerrechten angloamerikanischer Männer entsprachen. So wurde 1848 die *Declaration of Sentiments* beschlossen, die sich bewusst an der US-amerikanischen Unabhängigkeitserklärung orientierte und die Gleichheit von Frau und Mann und somit deren Rechte erklärte.

Im Einzelnen waren die wichtigsten angestrebten Ziele der kämpferischen Frauen im 19. und Anfang des 20. Jahrhunderts das Recht der Frauen auf Erwerbsarbeit sowie auf Bildung, auf aktives und passives politisches Handeln und eine Reform des Ehe- und Besitzrechtes sowie eine Gesellschaft auf neuer sittlicher Grundlage. In Deutschland wurde das Frauenwahlrecht tatsächlich erst 1918 rechtlich verankert.

Am Anfang gab es keine einheitliche Frauenrechtsbewegung. Auch nicht in den deutschsprachigen Ländern. Je nach Herkunft und Zielvorgabe bildeten sich im Laufe der Zeit drei wesentliche Strömungen heraus:

Die bürgerlich-gemäßigte Frauenbewegung um Henriette Goldschmidt, Louise Otto-Peters und Auguste Schmidt, Helene Lange und Gertrud Bäumer.

Den *Allgemeinen Deutschen Frauenverein* um die bürgerlich-radikale Frauenbewegung um Minna Cauer und Anita Augspurg sowie den *Deutschen Verband für Frauenstimmrecht* und die *sozialistische Frauenbewegung* um Clara Zetkin. Alle Frauenrechtsbewegungen der ersten Welle waren Anfang des 19. bis Mitte des 20. Jahrhunderts aktiv.

Die früher vorgenommene Unterscheidung innerhalb der deutschen Frauenbewegung wurde aus sachlichen Gründen und wegen vielfältiger Überschneidungen in Einzelfragen nicht aufrechterhalten. Viel sinnvoller ist es heute, die Schwerpunkte des Engagements zu unterscheiden.

Der bürgerlich-gemäßigte Flügel trat zunächst vorrangig für das Kommunalwahlrecht und für eine Verbesserung der Bildungsmöglichkeiten der Frauen sowie für die Anerkennung der Erwerbsarbeit von Frauen ein – oft mit Blick auf besonders benachteiligte Berufsgruppen, zum Beispiel Dienstbotinnen und Schauspielerinnen.

Der bürgerlich-radikale Flügel strebte das volle Frauenwahlrecht auf nationaler Ebene und das Recht auf Zugang zu den Universitäten an, teilweise auch gemeinsam mit den Sozialistinnen. Alle Flügel hatten jedoch ein gemeinsames Ziel vor Augen: Allen ging es um die Umgestaltung der Gesellschaft auf neuer, sittlicher Grundlage.

Etwa ab 1900 ging die Geburtenrate deutlich zurück. Um 1910 betrug sie knapp vier Prozent, während des Krieges sank sie auf zwei, nach einer kurzen Spitze nach oben fiel sie wieder Richtung zwei Prozent. Während des Ersten Weltkriegs wurden Millionen von Frauen berufstätig, um die fehlenden Männer zu ersetzen, die an den Fronten kämpften. Nach 1918 waren Millionen von Männern kriegsinvalide und somit erwerbsunfähig. Viele Frauen ernährten zu dieser Zeit die Familie. Der Krieg und die Inflation erzeugten in Deutschland von 1914 bis 1923 eine bis dahin noch nicht gekannte soziale Not bei Kriegswaisen und -witwen. Sodann wurden in der kurzen Blütezeit von 1924 bis 1929, den sogenannten Goldenen Zwanzigern, viele gesellschaftliche Umwälzungen sichtbar. Ab der Weltwirtschaftskrise im Jahre 1929 fiel die Geburtenrate erneut unter die Zweiprozentmarke. Die erneut geringe Geburtsrate trug zu einem Rollenwandel in der Gesellschaft bei.

Die zweite Welle der Frauenbewegung

Marie las, dass die sogenannte zweite Welle der Frauenbewegung in den 1960er-Jahren entstand. Der Auslöser war ein allgemeiner gesellschaftlicher Umbruch und Wertewandel nach dem *Golden Age of Marriage* der 1950er- und 1960er-Jahre – zu einer Zeit, als weltweit Kritik an der massiven Diskriminierung von Frauen, besonders von Müttern, erhoben wurde. Interessiert las Marie weiter. In den USA wurden die Frauen durch die Bürgerrechtsbewegung der Afroamerikaner und die Massenbewegung gegen den Vietnamkrieg inspiriert, sich auch wieder stärker für die Lösung ihrer eigenen Probleme zu engagieren.

Zu einer Massenbewegung wurde die Welle jedoch erst durch die Buchveröffentlichung Betty Friedans mit dem Titel: „The Feminine Mystique“ im Jahre 1963 und in der Folge der Studentenunruhen in den 1960er-Jahren, als die Vertreterinnen der Frauenbewegung kritisch vorbrachten, dass den spezifischen Belangen von Frauen von vielen männlichen 1968ern nicht genügend Beachtung geschenkt werde. Diesmal wurde sowohl die traditionelle Rollenverteilung von Mann und Frau als auch das Patriarchat, die Kritik an Müttern und die massive Diskriminierung von Frauen infrage gestellt. Wegen ihrer massiven Kritik an allen bisherigen Formen organisierter Politik verstanden sich zumindest große Teile der zweiten Phase ab 1968 auch als autonome Frauenbewegung. Diese zweite Welle wird oft als Teil der Neuen Linken und der neuen sozialen Bewegung verstanden. Sinnvollerweise wird aber die Frauenbewegung der letzten beiden Jahrhunderte in einem Zusammenhang betrachtet und nach Phasen oder Wellen unterschieden. Der Katalog der thematisierten Frauenrechte wurde stark ausgeweitet.

Marie war vertieft in ihre Lektüre, als sie aus der Ferne Sebastians Stimme hörte …

„Marie möchtest du auch ein Glas Rotwein haben? Den kennen wir noch nicht, diesen guten Tropfen habe ich heute beim Feinschmecker entdeckt", hörte sie Sebastian aus der Ferne schwärmen.

„O ja, gerne", gab sie ihm zur Antwort. Nachdem sie einen Schluck des eingeschenkten Rotweins probiert hatte, lächelte sie Sebastian an. „Mein Schatz, du hast einen exzellenten Geschmack! Der Wein ist wirklich lecker. Übrigens, das Buch musst du, wenn ich es durchgelesen habe, auch unbedingt lesen! Es ist unglaublich interessant! Du kannst dir gar nicht vorstellen, wie meine Geschlechtsgenossinnen für unsere heutigen Rechte und Freiheiten gekämpft haben!" Sebastians Interesse, das Buch zu lesen, hielt sich in überschaubaren Grenzen. Seine Begeisterung spiegelte sich in seiner Mimik wider. Sein Gesicht sprach Bände. Marie sah seinen Gesichtsausdruck jedoch nicht, sie war wieder weit weg – tief in ihr Buch versunken.

Besondere Merkmale dieser Frauenbewegung waren spektakuläre Aktionsformen inklusive Akte des bürgerlichen Ungehorsams – *Consciousness Raising* –, die sich an Protestformen der sozialistischen Bewegung orientierten. Bei dem Austausch von zunächst individuell erlebten Problemen und den daraus gewonnenen Erkenntnissen kam es zu Fragen nach den Ursachen – die wiederum Fragen zu den Lösungsmöglichkeiten hervorriefen. Es ging den Frauen, die durch Demonstrationen und öffentliche Debatten auf die Demütigung und Entmündigung sowie die körperlichen Gefahren einer verbotenen Abtreibung hinwiesen, einzig um das Recht auf Abtreibung! Parole: *Mein Bauch gehört mir!* Es ging um das Recht einer selbstbestimmten Schwangerschaft und die Entscheidungsfreiheit eines Abbruchs mit medizinischer und ärztlicher Unterstützung. Ganz egal ob die Verhütung versagt hatte oder weil eine Frau das Opfer einer Vergewaltigung war. Es ging einzig um die Selbstbestimmung.

Ja, genauso ist es! Marie las weiter … Schon der Aktionsrat zur Befreiung der Frauen formulierte 1968 weniger Frauenprobleme als Kritik an der auch von der Neuen Linken nicht infrage gestellten hierarchischen Geschlechterordnung. Er leitete daraus die notwendige Selbstorganisation der Frauen ab. Aus dieser entstand die autonome Frauenbewegung. Der benutzte Begriff „Autonomie" ist nicht identisch mit einer anarchistischen Bewegung, nein! Vielmehr meinte er im bis zum Mauerfall im Jahr 1989 geteilten Deutschland die Unabhängigkeit aller Formen traditioneller und neuer linker Politik.

Alice Schwarzer – *die* deutsche Vertreterin der zweiten Frauenrechtsbewegung

Da Marie nicht nur unter der Woche, sondern auch an ihren freien Wochenenden in ihren neu erworbenen Büchern las, fühlte sich Sebastian ausgegrenzt. Mehr noch, er war über Maries große Lesefreude verärgert.

„Mit dir ist auch nichts mehr anzufangen!", sagte er beleidigt, als sie mal wieder den Vorschlag eines gemeinsamen Spaziergangs mit anschließendem Essen beim Italiener ausschlug.

„Ich habe ja schon von vielen Abhängigkeiten gehört … doch die Lesesucht ist mir neu! Soll es jetzt ewig so weitergehen? Als ob du das nötig hast! Du bist doch sowieso wie ein Staubsauger. Du saugst Wissen in dir auf und behältst alles in dir. Klar, dann und wann spuckst du Brocken wieder aus … hörst du mir überhaupt zu?"

Marie wollte nicht streiten. Sebastian hatte ja recht – doch die Bücher waren so interessant, dass sie sie kaum aus der Hand legen konnte.

„Also gut, du hast ja recht. Lass mich bitte nur noch dieses Kapitel zu Ende lesen und dann gehen wir spazieren und anschließend zum Italiener." Sie blickte kurz von ihrem Buch auf, schmunzelte und las das Kapitel zu Ende, während Sebastian zufrieden grunzend ins Schlafzimmer ging, um sich umzuziehen.

Mit Fug und Recht darf sich Alice Sophie Schwarzer als eine deutsche Vertreterin, wenn nicht gar als *die* Vertreterin der zweiten Frauenbewegung nennen. Wenn man in Deutschland von der Emanzipation spricht, verbindet man diese eng mit Alice Schwarzer, die das neue Rollenbild der deutschen Frau entscheidend geprägt hat.

Geboren wurde Alice Schwarzer am 3. Dezember 1942 in Wuppertal. Die Gründerin und Herausgeberin der Frauenzeitschrift *EMMA* versteht sich als Feministin. Alice Schwarzer wurde einst als uneheliches Kind im Wuppertaler Stadtteil Elberfeld geboren – *ach guck, dann bist du ja ebenso wie ich eine Wuppertalerin!*, dachte Marie und las interessiert weiter – und wuchs bei ihren Großeltern auf. In einem Interview bezeichnete Schwarzer ihren Großvater später als *sehr mütterlichen Großvater* und ihre Großmutter als *sehr politisiert mit einem hohen Gerechtigkeitssinn*. Prägend sei für sie der gelebte Widerstand ihrer Familie gegen die Nazis und die Solidarität mit den Opfern gewesen.

Alice Schwarzer besuchte die Handelsschule und arbeitete einige Jahre im kaufmännischen Bereich. 1963 ging sie nach Paris. 1965 kam sie zurück nach Deutschland. Sie volontierte bei den *Düsseldorfer Nachrichten*. 1969 ging sie als Reporterin zur Zeitschrift *Pardon*. In den Jahren 1970 bis 1974 arbeitete sie in Paris als freie politische Korrespondentin fürs Radio, fürs Fernsehen und für diverse Zeitschriften. Ihr Spezialgebiet waren die Folgen der 1968er-Jahre im politischen, sozialen und kulturellen Bereich. An der Universität Vincennes, die auch Studenten ohne Hochschulreife aufnahm, studierte sie von 1970 bis 1974 unter anderem bei Michel Foucault Psychologie und Soziologie. Sie machte allerdings keinen Abschluss. 1970 war Alice Schwarzer mit Simone de Beauvoir und Jean-Paul Sartre befreundet. Interviews, die sie mit Simone de Beauvoir zwischen 1971 und 1982 geführt hatte, erschienen im Jahr 2007 im KiWi-Verlag unter dem Titel „Weggefährtinnen im Gespräch".

Zusammen mit Monique Wittig gehörte Alice Schwarzer zu den Initiatorinnen des Pariser *Mouvement pour la libération des femmes*, eine der ersten feministischen Gruppen der französischen Frauenbewegung.

Anfang April 1971 veröffentlichte das französische Wochenmagazin *Le Nouvel Observateur* ein öffentliches Bekenntnis, in dem 343 Frauen, darunter viele Prominente wie Catherine Deneuve und Simone de Beauvoir, erklärten:

„Eine Million Frauen pro Jahr lassen in Frankreich eine Abtreibung vornehmen. Sie tun dies unter gefährlichen Umständen, da die Abtreibung gesetzlich verboten ist. Ich erkläre, dass ich eine davon bin. Ich erkläre, dass ich abgetrieben habe."

Auf spektakuläre Weise forderten sie die Legalisierung der Abtreibung und leiteten eine öffentliche Diskussion ein. Alice Schwarzer „exportierte" diese Aktion unter dem Motto „Frauen gegen den Paragrafen 218" nach Deutschland. Höhepunkt war eine Titelgeschichte der Illustrierten *Stern* vom 6. Juni 1971, in der 374 Frauen öffentlich bekannten: „Wir haben abgetrieben!"

Alice Schwarzer, die sich als Feministin versteht, plädierte in den 1970ern für eine freie Sexualität und die ökonomische Unabhängigkeit der Frau. Seit ihrer Buchveröffentlichung „Der kleine Unterschied und seine Folgen" im Jahr 1975, in dem sie die Sexualität als Dreh- und Angelpunkt der Machtverhältnisse zwischen den Geschlechtern und der Unterdrückung der Frauen analysierte, ist Alice Schwarzer weit über Deutschlands Grenzen hinaus in aller Munde.

1977 gründete Alice Schwarzer die Zeitschrift *EMMA*. Sie ist Verlegerin und Chefredakteurin der Zeitung.

Die dritte Welle der Frauenbewegung

Tage später saß Marie wieder in ihrer Lieblingssofaecke und las in einem ihrer Bücher über die Frauenbewegungen. Sie erfuhr, dass sich die dritte Welle der Frauenbewegung in den 1990er-Jahren in den USA entwickelt hatte und vor allem eine Reaktion auf einen populären Antifeminismus und der Ansicht geschuldet war, dass Feminismus out sei, weil er angeblich alle Ziele erreicht hätte. Die Bezeichnung *dritte Welle* ging offensichtlich auf Rebecca Walker, die 1997 Mitbegründerin der *Third Wave Foundation* war, zurück. Angebliche oder tatsächliche Fehler des radikalen und kulturellen Feminismus der zweiten Welle – wie zum Beispiel die Voreingenommenheit gegenüber fremden Gruppen und auch der teilweise stattgefundene Ausschluss der Männer – sollten nun korrigiert und der Feminismus den aktuellen gesellschaftlichen Gegebenheiten angepasst werden. Darüber hinaus ging es in der dritten Welle um das Infragestellen problematischer Identitätskonzepte, von Geschlechtsidentität und Sexualität.

Marie legte das Buch zur Seite. *Puh, ganz schön schwerer Lesestoff! Es scheint wohl vor allem dem Generationenwechsel geschuldet zu sein, dass der Feminismus unter der jungen Generation einen schlechten Ruf hat, gilt er doch im Allgemeinen als uncool.* Sie las weiter. Die Autorin war der Ansicht, dass viele junge Frauen eine Gleichberechtigung der Geschlechter noch keineswegs verwirklicht sahen. *So, so … ist das so?*

Sie war ganz in ihr Buch versunken. Sie hatte gar nicht bemerkt, dass Sebastian schon seit einiger Zeit den Fernseher ausgeschaltet hatte, aufgestanden war und sich vom Wohnzimmer ins Schlafzimmer begeben hatte, um sich schlafen zu legen. Er musste früh raus. Zwar hatte er sich von Marie mit einem: „Ich gehe jetzt schlafen" verabschiedet – doch Marie war so in ihr Buch vertieft, dass sie seine indirekte Aufforderung, ihm ins Schlafzimmer zu folgen, gar nicht mitbekommen hatte.

Wie sie dem Buch weiterhin entnahm, entstanden in der dritten Frauenbewegung unter anderem die Riot Grrrls in den USA aus einem Punkkontext. Elemente der Riot-Grrrl-Bewegung wurden in den 1990er-Jahren auch in Deutschland aufgegriffen. Die jungen Feministinnen der dritten Welle arbeiteten vor allem im und mit dem Internet. Zielstrebig traten sie mit konkreten Projekten und in Netzwerken mit feministischer Ausrichtung, zum Beispiel mit der *Third Wave Foundation* beziehungsweise mit den Ladyfesten, auf. Durch das Internet vernetzten sich Frauen und Frauenorganisationen über nationale und kulturelle Grenzen hinaus. Sie bildeten translokale Netzwerke, durch die sie sich in ihrer Arbeit und in ihren Anliegen gemeinsam unterstützten.

Im Jahre 2012 wurde durch diverse Berichterstattungen über die systemkritische Moskauer Punkrockband „Pussy Riot" der Begriff „Riot Grrrl Movement" in diversen Medien weltweit aufgegriffen. Die Verhaftung der Bandmitglieder löste 2012 auf unserem gesamten Globus heftige Debatten über die von vielen Frauen als frauenfeindlich wahrgenommene Politik in Russland aus. Woran sich nur noch wenige erinnern, war, dass wesentliche rechtliche Schritte zur Gleichberechtigung der Frauen selbst in Deutschland erst in der Mitte des 20. Jahrhunderts erfolgten.

Was soll das jetzt heißen? Marie gähnte. Seit Sebastian sich von ihr verabschiedet hatte, waren Stunden vergangen. Nun übermannte die Müdigkeit auch sie. *Morgen ist auch noch ein Tag, und dann erfahre ich, was damit gemeint ist.*

Marie stand auf und folgte Sebastian ins Bett. Sie sollte sich täuschen. Nicht ihr Buch brachte Licht ins Dunkel, sondern ihre Freundin Britt klärte sie während eines ihrer Frauentreffen auf. Sehr zu ihrem Ärger kam sie für einige Wochen nicht mehr zum Lesen. Sebastian forderte sowohl nach ihrem Feierabend als auch an ihren freien Wochenenden ihre ganze Aufmerksamkeit ein.

Die Rolle der Frau

Während eines gemeinsamen Sonntagsfrühstücks wurde Maries ganzes Augenmerk auf die von Sebastian mit den Brötchen mitgebrachte Sonntagszeitung gelenkt. In großen Lettern stand auf der ersten Seite: „Ich war eine „ISIS-Kriegerin! Ich habe der ISIS Frauen aus Europa verschafft."

Puh! Die traut sich was! Dachte Marie, als sie die ersten Zeilen überflog. Sie las weiter. Die junge Frau berichtete dem Reporter der Sonntagszeitung von ihrer Flucht und dem Leben, das sie bisher geführt hatte. Sie war kaum zu erkennen, da sie zum Schutz eine Burka trug. Lediglich die Augen guckten aus einem Sehschlitz heraus. Sechsundzwanzig Jahre war die Frau alt. Was sie zu berichten hatte, übertraf alles, was Marie an Vorstellungskraft besaß. Wieder kam in ihr die Frage auf: *Warum treffen europäische Frauen und junge Mädchen Entscheidungen, deren Reichweite sie nicht abschätzen können?* Dennoch verspürte Marie Mitleid, und wieder kam ihr die junge Frau aus dem Sonnenstudio in den Sinn. *Was sie wohl macht?*

„Sebastian, hast du diesen Bericht schon gelesen?" Sebastian schaute von seinem Teil der Zeitung auf.

„Nein. Worum geht's?"

„Eine ehemalige ISIS-Kriegerin packt aus."

„Na und? Ganz ehrlich, Marie, was interessiert es dich? Die Frauen haben doch selbst schuld, wenn sie sich anheuern lassen. Erst konvertieren sie – und nicht nur das, sie schließen sich sogar einem Haufen Mörder an, die durch die Bank weg kein Gewissen haben und jeden westlichen Lebensstil ablehnen – und dann, wenn alles ganz anders verläuft, als sie es sich in ihren Träumen vorgestellt haben, wenn das reale Leben sie einholt, fangen sie an zu jammern und zu jaulen. Es gibt

Entscheidungen, die muss man sich einfach vorher überlegen! Marie, diese Frauen sind Mörderinnen! Keine von ihnen hat Mitleid verdient! Sie sind eiskalte Todesengel!"

„Du hast ja mit allem recht! Doch wenn du dir den Bericht durchliest, denke ich, wirst du erkennen, dass es tatsächlich noch mehr als Schwarz und Weiß gibt!"

„Das kann jetzt nicht dein Ernst sein! Hast du mir gerade nicht zugehört? Du wirst mich ganz sicherlich nicht von meiner Meinung abbringen! Gerade du! Meine Marie, die in unserem Bekanntenkreis als Emanze verschrien ist, deren Gerechtigkeitssinn legendär ist, wird bei einer weichgespülten Berichterstattung mitleidig! Sollte nicht gerade dir bei diesem vor Mitleid triefenden Bericht der Hut hochgehen? Mir ist unbegreiflich, wie du für diese Frau auch nur einen Funken Mitleid empfinden kannst. Die hat doch selbst schuld! Es hat sie niemand gezwungen, die Fronten zu wechseln. Du kennst sie doch gar nicht! Weißt du, ob ihre Geschichte stimmt? Und selbst wenn … sie hat sich aus freien Stücken einer Terrorgruppe angeschlossen!" Sebastian hatte sich in Rage geredet und wollte, bevor er sich komplett in seiner Ausführung verlor, das Thema wechseln.

„Marie! Komm, lass es gut sein. Du kannst nicht die Welt retten, und diese „Olga" hat es mit Sicherheit nicht verdient! Weißt du, wie viele Menschenleben diese Frau auf dem Gewissen hat? Das wird in dem Bericht nämlich nicht erwähnt! Ein jeder ist seines eigenen Glückes Schmied."

„Ja, mir geht ja auch der Hut hoch – trotzdem!"

„Trotzdem was? Ganz ehrlich, Marie, ich glaube, du hast den Verstand verloren! Da du aber heute offensichtlich deinen sozialen Tag hast, lass uns bitte das Thema wechseln …

Denk zum Beispiel an Martina. Ihr Mann ist zwanzig Jahre älter als sie. Sie ist achtundvierzig, er ist achtundsechzig. Er ist Rentner, sie geht arbeiten. Sie haben eine dreizehnjährige

Tochter und eine Dogge. Was ist? Sie steht morgens auf, macht ihrer Tochter das Frühstück, geht vor ihrem Arbeitsantritt eine Runde mit dem Hund, kommt mittags nach Hause, macht ihrer Tochter und ihrem Mann Mittagessen, geht dann noch einmal eine Runde mit dem Hund um den Block, um sich sodann dem Abendbrot zu widmen – und er? Er liegt den ganzen Tag auf seiner faulen Haut beziehungsweise widmet sich ganz gepflegt seinen Hobbys. Ab und zu mosert sie zwar, aber letztlich läuft der Laden – sehr zur Zufriedenheit von Martinas Mann. Nennst du das eine Partnerschaft auf Augenhöhe? Ich habe noch ein Beispiel. Wolfram und Ronja. Beide Beamte. Zwei Kinder. Er hat reich geerbt, sie ist reichlich gefrustet. Er lebt ohne Rücksicht auf Frau und Kinder sein Leben. Sie profitiert materiell von seinem Reichtum. Allen Trennungsgerüchten zum Trotz sind die beiden seit nunmehr dreißig Jahren verheiratet. Hast du mit diesen Frauen auch Mitleid?"

„Nein!"

„Gut, und warum nicht? Diese Frauen haben niemanden umgebracht und sich keiner Terrorzelle angeschlossen. Aber ich kann dir sagen, warum du ihnen gegenüber so ungnädig bist! Sie haben in deinen Augen einen großen Makel! Sie sind nicht emanzipiert! Sie sind deiner Meinung nach in den 1950er-, 1960er-Jahren stehen geblieben! Doch wäre an dieser Stelle nicht viel eher dein Mitleid gefordert? Was lernen wir daraus? Kann ich dir sagen! Nicht jede Frau ist so wie du. Verstehe mich bitte nicht falsch, ich bin fasziniert von deiner Stärke und deiner Tatkraft. Doch solltest du jedem Lebensmodell gegenüber tolerant sein. Nicht jede Frau möchte einem Mann auf Augenhöhe begegnen. Selbst im 21. Jahrhundert gibt es auch bei uns in der westlichen Welt immer noch Frauen, die ihren Lebensinhalt im Kinderkriegen, Kochen, dem Austausch von Kochrezepten und dem Bemuttern ihres Mannes sehen. Selbst wenn die Männer wahrscheinlich irgendwann von ihren angepassten Frauen die Nase voll haben und sich zur Abwechslung eine andere Frau anlachen, sind diese Frauen – anders als Frauen deines Kalibers – in jedem Fall bequem. In diesen Familien wird noch das alte Rollendenken gepflegt. Bei genauerer Betrachtung ist es vielleicht ja gar nicht so schlecht! Sollten wir auch einmal bei uns einführen." Lachend schaute Sebastian Marie provozierend an.

„Du Spinner, als ob dir eine angepasste, willenlose Frau gefallen würde!"

„Wer weiß – käme auf einen Versuch an." Sebastian lachte Marie gewinnend an und widmete sich sodann wieder seiner Sonntagszeitung.

„Du bist vielleicht ein Blödmann! Weißt du eigentlich, dass es in Deutschland ungefähr vierhundert Frauenhäuser gibt? Zum Schutz der Frauen vor männlichen Übergriffen. Darin sind die Zwangsverheiratungen, Zwangsprostitutionen und noch viel mehr Gewalttaten der Männer gegenüber Frauen noch gar nicht enthalten … und warum das alles? Weil der eine oder andere deiner Geschlechtsgenossen immer noch nicht begriffen hat, dass Frauen kein Besitz sind. Dass Frauen ihnen nicht gehören. Wir niemandes Eigentum sind! Die vielen grausamen Meldungen in der Presse von häuslicher Gewalt … Hilfe! Die vielen Prügelattacken von Männern werden doch nur ausgeführt, weil ihr das deutlich schwächere Geschlecht seid! Die Prügel, die diese Fieslinge verteilen, überspielen doch nur ihre Schwäche und Hilflosigkeit."

„Mag schon sein! Doch, Marie, wie kommst du jetzt vom alten Rollenverhalten auf Prügelattacken, Frauenhäuser, Zwangsprostitutionen und ich weiß nicht, was noch alles? Habe ich irgendetwas nicht mitgeschnitten?"

„Na ja, beim alten Rollenverhalten denke ich immer an Unterdrückung, Entmündigung und Bevormundung. Solltest du aber wissen! Hase, wo wir gerade beim Thema Rollenverhalten sind … deckst du bitte gleich den Tisch ab? Ich habe aufgedeckt!“

„Ja, mache ich! Bist du fertig mit deiner Predigt?“

„Gleich! Eines muss ich, bevor ich platze, noch loswerden! Im 21. Jahrhundert gibt es Frauen in Männerberufen und Männer in Frauenberufen! Also, wo ist für manche Kerle denn nun das Problem? Vor einigen Jahren wäre es noch undenkbar gewesen, dass im Kindergarten ein Mann als Erzieher arbeitet oder in einer Kraftfahrzeugwerkstatt eine Frau unter dem Auto liegt!“

Staunend sah Sebastian seine Frau an. „Wow, Marie, habe ich dir schon einmal gesagt, dass du die zarteste Versuchung bist, seit es Frauen gibt? Du bist nicht nur außergewöhnlich hübsch, sondern auch noch außergewöhnlich klug!“

„Ach du, du Spinner! Tu mal nicht so!“ Fröhlich pfeifend stand Marie vom Tisch auf, kniff Sebastian in den Oberarm, drehte sich um und sagte:

„Hab ich dir eigentlich in letzter Zeit gesagt, dass ich dich liebe? Du bist mein absoluter Lieblingsmensch! Falls es dich interessiert, du hast mit allem recht!“ Sodann ließ sie – ohne sich noch einmal umzudrehen – einen sprachlosen Sebastian in der Küche zurück.

Bedeutende Frauen in der Weltpolitik

Während eines Spieleabends deckte Marie in einer Spielrunde bei „Trivial Pursuit“ folgende Frage auf: Nenne fünf Politikerinnen, die Pionierarbeit in der Weltpolitik geleistet haben oder immer noch leisten. Oder Politikerinnen, die auf dem Parkett der Weltpolitik ihr Zuhause hatten oder immer noch haben.

Marie rieb sich die Hände und foppte Sebastian und ihre Gäste, drei befreundete Ehepaare.

„Puh, eine wirklich ganz schön bescheidene Frage! Gibt es in diesem Spiel auch eine entsprechende Frage, die sich auf männliche Politiker bezieht? Wohl kaum! Wisst ihr eigentlich, dass unsere bornierte Öffentlichkeit es immer noch besonders wahrnimmt, wenn Frauen ein politisches Spitzenamt bekleiden? Unserer Kanzlerin Angela Merkel wird viel mehr auf die Finger geschaut als ihren männlichen Vorgängern. Und für eine ihrer Ketten wurde tatsächlich ein eigener Twitter-Account eingerichtet. *Deutschland-Kette@schlandkette* hat tatsächlich mehr als dreitausend Follower. Ich weiß gerade tatsächlich nicht, ob jemals der Schlips oder die Krawattennadel eines männlichen Politikers so thematisiert wurde. Mal ganz ehrlich, wie bescheuert ist das bitte?“

Sebastian verdrehte die Augen. „Marie, du weichst ab. Lies uns bitte die Frage auf deiner Karte noch einmal laut vor, damit das Spiel weitergeht.“

„Okay! Kann mir jemand von euch fünf Politikerinnen nennen, die Pionierarbeit in der Weltpolitik geleistet haben oder immer noch leisten? Oder Politikerinnen, die auf dem Parkett der Weltpolitik ihr Zuhause hatten oder immer noch haben? Außer Angela Merkel, Ursula von der Leyen oder Hillary Clinton?“

Betretenes Schweigen machte sich im Wohnzimmer breit.

Marie schaute in sieben fragende Gesichter. Bis auf Marie waren alle mit der Beantwortung der Frage überfordert.

„Puh, ich stehe auf dem Schlauch! Ein Glück, dass ich die Frage nicht beantworten muss!"

Andrea, eine der Mitspielerinnen, lachte Marie an.

Marie zog ihre Stirn kraus. „Lasst mich mal kurz überlegen. Also gut! Mir fallen folgende Frauen aus der Weltpolitik ein. Ihr könnt ja mitzählen, ob es tatsächlich fünf Frauen sind. Ich zähle auch mit!" Marie nahm zur Unterstützung die Finger ihrer rechten Hand und zählte:

„Spontan fällt mir Margaret Thatcher ein. Sie war Premierministerin des Vereinigten Königreichs. Dann die schleswigholsteinische Ministerpräsidentin Heide Simonis. Ruth Dreifuss war Bundespräsidentin der Schweiz, und die indische Premierministerin Indira Gandhi kennt ja fast jeder. Zu guter Letzt fällt mir noch die im Moment durch ihre Medienpräsenz bekannte erste Präsidentin Taiwans ein, Tsai Ing-wen." Marie strahlte in die Runde. „Na, was sagt ihr?"

„Du bist wirklich gut! Allerdings ... hat Heide Simonis Weltpolitik geschrieben?" Sebastian spähte in die Runde seiner Mitspieler. Er sah in fragende Gesichter.

„Marie, fällt dir noch eine weitere Kandidatin ein?"

„Hm, so auf die Schnelle?" Marie zog abermals ihre Stirn kraus. Es dauerte einige Sekunden, bevor sie antwortete.

„Ich denke, diese Politikerin passt. Was sagt ihr zu Christine Lagarde? Sie ist die geschäftsführende Direktorin des Internationalen Währungsfonds."

Sebastian schaute abermals in die Runde. Alle Mitspieler nickten.

„Marie, du bist wirklich gut, toll gemacht! Ich hätte die Frage nicht spontan beantworten können. Ihr?" Sebastian sah seine Freunde an, die allesamt ihre Köpfe schüttelten.

„Komm, füll deinen Spielstein mit der gelben Wissensecke." Sebastian reichte Marie eine gelbe Wissensecke. Sodann war er an der Reihe und würfelte.

Recht auf Bildung

Jeden zweiten Mittwoch im Monat trafen sich Marie und ihre Freundinnen in ihrem Lieblingslokal. Der bunte Haufen bestand aus: Sofie, ihrer Kollegin und besten Freundin, angehende Rechtsanwältin, seit geschlagenen acht Jahren dauerverlobt, da sich bisher kein geeigneter Hochzeitstermin finden ließ. Sofie hatte erst nach einem kleinen beruflichen Umweg zu ihrer Berufung, den Paragrafen, gefunden. Hanna, geschieden. Eine selbstbewusste, lebensbejahende Endvierzigerin, Sachbearbeiterin, die zeit ihres Arbeitslebens bei einer großen Versicherung im Innendienst beschäftigt war. Britt, Ende dreißig, sportlich, Fitnessfanatikerin, Dauersingle, männermordender Vamp, Redakteurin bei einem Frauenmagazin, das sich ausschließlich über Werbung finanzierte. Marion, Ende zwanzig, Zahnmedizinische Fachangestellte, die ihrer beruflichen Tätigkeit in der Praxis ihres Mannes in Teilzeit nachging, um sich hauptberuflich um ihren niedlichen dreijährigen Sohn, ihren Mann, ihr Haus und ihren Hund zu kümmern. Dann war da noch Ina, ihre zweitbeste Freundin. Von Beruf Diplom-Sprachlehrerin. Ina war seit zehn Jahren in der Erwachsenenbildung tätig, Mitte dreißig, frisch liiert. In ihrer Freizeit gab sie Interessierten zweimal wöchentlich Yogaunterricht.

Die sechs Frauen, die unterschiedlicher nicht hätten sein können, verkehrten regelmäßig in dem im Jahre 2010 eröffneten hippen Szenelokal in der Hamburger HafenCity. Zufälligerweise lag das Lokal ganz in der Nähe des Teekontors, in dem Sebastian als Prokurist arbeitete.

So kamen die geselligen Frauen auch an diesem Mittwoch, im September des Jahres 2015, wieder zu einem Treffen zusammen. Das Wetter war schön. Es war warm und sonnig. Aus gegebenem Anlass nahm die Damenrunde draußen an einem

Sechsertisch Platz. Wie immer gab es bei ihrem Zusammentreffen viel zu beobachten, zu erzählen und zu fachsimpeln.

Anfang September wurde das Straßenbild von den Flüchtlingen, die auch vor den Toren Hamburgs nicht haltgemacht hatten, bestimmt. Viele Frauen mit Kopfbedeckungen oder gar einer Burka gingen vorbei.

„Mensch, wo ich die vielen verhüllten Frauen sehe, habe ich euch eigentlich schon von meinem Erlebnis im Sonnenstudio kurz vor meinem Urlaub erzählt?"

„Nein, hast du nicht. Von deinem Urlaub wissen wir ja mittlerweile alles – na ja, fast alles." Britt zwinkerte Marie zu.

„Über dein Erlebnis aus dem Studio hast du bisher nichts verlauten lassen – und das, obwohl du inzwischen auf meiner Einweihungsfeier warst. Hättest ja ruhig mal was erzählen können", bemerkte Hanna beleidigt. Sie platzte vor Neugier.

„Stellt euch vor, ich bin eine gute halbe Stunde früher im Studio, da die Straßen entgegen meiner Erwartung komplett leer waren. Da hämmert es an der geschlossenen Ladentür …"

Marie berichtete von dem Zusammentreffen mit der deutschen Muslima. Sie ließ kein Detail aus. Ihre Freundinnen hingen gebannt an ihren Lippen. Als Marie endete, war Hanna die Erste, die sich zu Wort meldete.

„Unglaublich ist das, unglaublich, wie leichtfertig du einer völlig fremden, vermummten Gestalt die Tür öffnest! Wo doch eines eurer Studios überfallen wurde! Es hätte auch ganz anders kommen können!"

Sofie hatte ein ganz anderes Problem. „Hanna, du hast vielleicht Probleme! Viel schlimmer finde ich, wie leichtfertig eine junge deutsche Frau all unsere hart erkämpften Rechte einfach so an den Nagel hängt! Mit Marie habe ich an dem besagten Tag schon darüber diskutiert!"

„Warum wundert es mich nicht, dass dir die Frauenrechte mehr am Herzen liegen als Maries Unvernunft oder gar ihr Leben?“ Hanna schüttelte den Kopf.

„Komm, Hanna, du übertreibst! Lass Sofie! Mir ging das Thema auch nicht mehr aus dem Kopf. Aus diesem Grund habe ich mich nach dem Zusammentreffen mit dieser Frau – übrigens an dem Tag, an dem ich dein Einweihungsgeschenk gekauft habe – mit Büchern zum Thema Emanzipation eingedeckt. Inzwischen habe ich – bis auf ein Buch – alle gelesen. Wollt ihr wissen, was ich alles über die Emanzipation in Erfahrung bringen konnte?“

„Na klar wollen wir das wissen! Unsere telepathischen Fähigkeiten reichen, da bin ich mir ziemlich sicher, nicht aus. Komm, lass uns nicht dumm sterben!“

Ina rekelte sich auf ihrem Stuhl.

„Na gut. Ganz davon abgesehen, dass ich nun in die Lebensläufe von Beate Uhse und Alice Schwarzer hineingeschnuppert habe, hatten unsere Geschlechtsgenossinnen ein hartes Stück Arbeit vor sich, um unsere heutigen Selbstverständlichkeiten, wie zum Beispiel die tägliche Arbeit, den Gang zu den Wahlurnen, den Schulbesuch, das Studium, unsere Selbstbestimmung oder die Gleichberechtigung, durchzuboxen. Ist es jemandem von euch bekannt, dass der Zugang der Frauen zu den Universitäten im deutschen Sprachraum mit Ausnahme der Schweiz erst Anfang des 20. Jahrhunderts möglich war?“

Marie wartete keine Antwort ab und brüstete sich mit ihrem angelesenen Wissen.

„Was mir bisher nicht bekannt war – ich weiß nicht, ob ihr es wisst –, ist, dass es in der Antike und im frühen Mittelalter Frauen tatsächlich möglich war, an Akademien zu studieren und zu lehren. Das war zwar nicht an der Tagesordnung – aber immerhin möglich! Berichte über prominente Ärztinnen, Architektinnen, Philosophinnen und andere weibliche Gelehrte aus dem Alten Ägypten, dem antiken Griechenland oder dem Römischen Reich sind überliefert. Doch leider gab es auch im Bildungssektor für Frauen große Rückschritte. Als die mittelalterliche Feudalgesellschaft in den Schulen und Universitäten zunehmend kirchliche Vorgaben verfolgte, bekamen Mädchen jahrhundertelang fast nur dann Zugang zur Bildung, wenn ihre Familie einem Kloster eine Mitgift übereignete. Die Bildung der Frau hatte keinen großen Stellenwert. Medizinische Studien und Lehren waren für Frauen eine der wenigen Möglichkeiten, sich akademisch fortzubilden. Im frühen Mittelalter war die Möglichkeit für Frauen, sich Bildung anzueignen, fast ausschließlich auf die Klöster beschränkt. In diesen wurden Mädchen reicher und adliger Familien überwiegend im Lesen ausgebildet. Als Mitte des 12. Jahrhunderts die ersten Universitäten gegründet wurden, verweigerte man den Frauen den Zutritt.

Ab dem 16. Jahrhundert gründeten verschiedene Frauenorden nach dem Vorbild der Jesuiten Erziehungsanstalten für Mädchen. In diesen brachte man Mädchen und jungen Frauen das Lesen, Schreiben, Handarbeiten und Fertigkeiten für den Haushalt bei. Eine Besonderheit stellt die Bildung jüdischer Mädchen dar, die diese – ebenso wie ihre Brüder – innerhalb der Familie zunächst vom Vater, später außerhalb der Familie vom Rabbi erhielten. Entsprechende Regelungen gaben religiöse Vorschriften des Judentums vor."

„Wie … die Juden?" Marion wollte noch mehr über die religiösen Vorschriften des Judentums in Erfahrung bringen, doch Marie ließ sich nicht unterbrechen und fuhr mit ihrer Berichterstattung fort.

„Im Zuge der Entstehung des höheren Bildungswesens im 18. und 19. Jahrhundert – das heißt durch die Einführung der

Schulpflicht und die Einrichtung von Gymnasien – entwickelte sich in Deutschland ein Bildungssystem, das ausschließlich für Jungen gedacht war. Die frühe Mädchenbildung wurde eine Privatangelegenheit der Mütter, Tanten und Großmütter. In den evangelischen Gemeinden unterrichtete die jeweilige Pastorenehefrau die Mädchen, jedoch ausschließlich im Handarbeiten. Sie unterwiesen sie, Zahlen, Buchstaben und christliche Motive auf Tücher zu sticken, wodurch die Mädchen und jungen Frauen vor allem ihre hausfraulichen Fähigkeiten unter Beweis zu stellen hatten. Die erlernten Fähigkeiten dienten noch bis weit ins 19. Jahrhundert dazu, die Heiratsfähigkeit der Mädchen zu demonstrieren. Geistige Bildung war für die meisten christlichen Mädchen auf die Teilnahme an den Gottesdiensten beschränkt. Der Bildungsweg der Mädchen war kurz, selbst in privilegierten Schichten, in den gutbürgerlichen und adligen Kreisen. Das heißt, in den höheren Töchterschulen wurden Mädchen und junge Frauen lediglich auf ihre spätere Rolle als Ehefrau, Mutter und Hausverwalterin vorbereitet. Im Lehrplan standen neben den schönen Künsten auch Handarbeits- und Hauswirtschaftsunterricht. Mehr brauchten Mädchen nach dem damaligen gesellschaftlichen Konsens nicht zu lernen."

Sofie prustete los … „Schön kleinhalten die Frauchen – immerhin ist Wissen Macht! Die Herren der Schöpfung waren und sind ja nicht blöd!"

„Da sagt du was." Marie zog eine Schnute und erzählte weiter. „Für junge Frauen aus wohlhabenden Familien war die einzige Möglichkeit der Fortbildung und der beruflichen Qualifikation im Bildungssektor angesiedelt. Wollten sie sich weiterbilden, waren sie gezwungen, ihre Eltern davon zu überzeugen, ein Lehrerinnenseminar besuchen zu dürfen, das sie zur Unterrichtstätigkeit an den Elementarschulen, den Mädchenpensionaten oder den höheren Töchterschulen qualifizierte. Für Mädchen aus unterprivilegierten Schichten endete der Bildungsweg jedoch mit der Konfirmation beziehungsweise mit der Firmung im dreizehnten oder vierzehnten Lebensjahr. Sodann gingen die Mädchen meist als Hausmädchen oder als Mägde in fremde Haushalte. Oder sie heirateten umgehend. Erst gegen Ende des 19. Jahrhunderts, als eine höhere Bildung für Frauen in der Frauenbewegung als Instrument des Kampfes um die bürgerliche Gleichstellung begriffen wurde, entstanden regional vermehrt sogenannte Frauenbildungsvereine. Diese kämpften nicht nur für eine Einräumung höherer Bildungschancen für Frauen, sondern auch gegen die falsche Argumentation ihrer eigenen Ziele. Auf ihre Initiative hin entstanden Ausbildungsmöglichkeiten für junge Frauen, wie etwa spezielle Gymnasialkurse für Mädchen. Die Träger solcher Weiterbildungskurse waren private Institute und standen somit erneut nur den Töchtern wohlhabender Familien offen. Das erste deutsche Mädchengymnasium wurde Ende des 19. Jahrhunderts vom Verein *Frauenbildungs-Reform* in Karlsruhe eröffnet.

Obwohl Gymnasialkurse und Mädchengymnasien als Vorbereitung auf ein Universitätsstudium konzipiert waren, verstand sich die anschließende Aufnahme an einer deutschen Universität nicht von selbst. Das Frauenstudium setzte sich nur zögerlich und deutschlandweit erst nach dem Ersten Weltkrieg durch. In der ersten Hälfte des 20. Jahrhunderts fand die Gymnasialbildung der Mädchen und Jungen ausschließlich in getrennten Institutionen statt. Für Mädchen in sogenannten Lyzeen. Also an Hochschulen, an denen ausschließlich philosophische und theologische Unterrichtsinhalte vermittelt wurden. Die Lyzeen durften keine akademischen Grade verleihen. Promovieren oder habilitieren ging also nicht. Diese Institutionen hatten nur sehr wenige Selbstverwaltungsrechte. Akademische Freiheit kannten sie zunächst nicht. Die Reformierung der Schulsysteme trug dazu bei, dass ab Mitte der

1960er-Jahre bis Ende der 1970er-Jahre alle Lyzeen abgebaut beziehungsweise als Katholisch-Theologische Fakultäten oder Fachbereiche in die Universitäten und Gesamthochschulen eingegliedert wurden. Übrigens war eine Geschlechtertrennung in Bildungseinrichtungen bis in die 1950er- und 1960er-Jahre üblich. Doch zu unserem Glück setzte sich ab den 1950er-Jahren ganz allmählich das Prinzip der Gemeinschaftsbildung durch.

Stellt euch mal vor, es gab bis Ende des 20. Jahrhunderts immer wieder Debatten, ob eine nach Geschlechtern getrennte Schulausbildung nicht vielleicht der bessere Weg sei. Auf den nach Geschlecht getrennten Schulen könnte man auf die geschlechtsspezifischen Fähigkeiten und Entwicklungsphasen besser eingehen. Schon schräg, oder?

Das einst prekäre Gut der Chancengleichheit und der Gleichstellung in Bildungsfragen scheint zum Glück grundsätzlich gesichert. Pädagogische Fragen der optimalen und auch der geschlechtsspezifischen Förderung treten nun verstärkt in den Vordergrund“, beendete Marie ihre Schilderung des Kampfes um die Bildung der Frauen.

„Hm … wisst ihr auch, wie es weiterging?“, fiel Ina Marie ins Wort.

„Ich habe das Gefühl, ihr tretet in einen Wissenswettstreit.“ Marion sah Ina provozierend an.

„Blödsinn, ich möchte nur ergänzen. Also, mit den Forderungen der ersten Frauenbewegung nach Bürgerrechten für Frauen ging auch die Forderung nach dem Zugang zum institutionellen Bildungssystem sowie der Berufsausbildung für Frauen – welche bisher ausschließlich den Männern vorbehalten war – einher. Insbesondere der Zugang der Frauen an die Universitäten war – über ein Jahrhundert lang ein heiß diskutiertes und umstrittenes Thema. Stellt euch mal vor, bevor Frauen endlich zugelassen wurden, hatte man darüber gestritten, ob Frauen von ihrer geistigen Leistungsfähigkeit und körperlichen Verfassung überhaupt für ein Studium geeignet waren. Dorothea Erxleben aus Quedlinburg war die erste promovierte Frau in Deutschland. Sie wurde von ihrem Vater, einem Arzt, privat in theoretischer und praktischer Medizin unterrichtet. Gemäß einem Befehl des preußischen Königs wurde sie an der Universität Halle zur Promotion zugelassen. Sie legte in Halle ihr Promotionsexamen mit großem Erfolg ab.

Ab Mitte des 19. Jahrhunderts konnten die ersten Frauen die Universität Zürich besuchen. An dieser konnten sie sich für einzelne Studienangebote als Hörer eintragen.

In den Niederlanden und in Italien wurden Frauen ab Ende des 19. Jahrhunderts zugelassen. Zu dieser Zeit etwa führte Österreich ein, dass Frauen Vorlesungen als Gasthörerinnen besuchen durften. Im krassen Widerspruch dazu stand, dass lediglich ein Jahr zuvor die am Polytechnischen Institut abgehaltenen Damenvorlesungen abgeschafft worden waren.

In der Türkei durften sich Frauen ab Ende des 19. Jahrhunderts in den Universitäten immatrikulieren. Aber zunächst nur für den Fachbereich Medizin. Im Vergleich: Die Ungarn haben Frauen zur selben Zeit nur nach vollzogenen Einzelfallprüfungen an den jeweiligen Universitäten zugelassen. Die Universitäten in Wien sowie Prag, Graz und Innsbruck ließen Studentinnen lediglich an der Philosophischen Fakultät zu. Der deutschsprachige Teil von Österreich-Ungarn war lange Zeit Nachzügler. Die erste Habilitation in Wien war die der Elise Richter – ich meine, Anfang des 20. Jahrhunderts. Elise Richter wurde Jahre später zur ersten außerordentlichen Professorin Österreichs ernannt.

Für alle, die es interessiert, Margarete Schütte-Lihotzky war die erste Österreicherin, die ein Architekturstudium absolvierte. Sie ist übrigens für alle Köchinnen unter uns die Erfinderin der Frankfurter Küche, der Grundlage der modernen Küche.

Der Wiener Stadtschulratspräsident Otto Glöckel setzte sich besonders für die Zulassung der Frauen an den Universitäten ein. Glöckels Erlass Anfang des 20. Jahrhunderts sicherte den Frauen den freien Zugang zu den Technischen Hochschulen und der Hochschule für Bodenkultur.

Nach der Machtübernahme Hitlers wendete sich das Blatt in Deutschland! Der Frauenanteil an den Universitäten durfte nur noch zehn Prozent aller Studenten betragen. Des Weiteren kamen diverse Zugangsbeschränkungen und Studienerschwernisse hinzu. Zwar erhöhte sich der Frauenanteil ab Kriegsanfang wieder deutlich, aber erst nach Kriegsende wurden in Österreich neue, gleichbehandelnde Lehrgesetze und Studienordnungen eingeführt."

Ina nahm einen Schluck aus ihrem Rotweinglas. Bevor sie noch etwas ergänzen konnte, fiel Hanna ihr ins Wort.

„Ina, dazu habe ich auch noch etwas zu sagen", warf Hanna ein.

„Sag ich doch, Wissenswettstreit", grummelte Marion leise vor sich hin.

„Stellt euch mal vor", gab Hanna ihr nach eigenen Angaben *gefährliches Halbwissen* über die schweren Studienanfänge der Frauen in Deutschland zum Besten, ohne sich von Marions kaum hörbaren Einwand abbringen zu lassen. „Ende des 19. Jahrhunderts wurden bei uns in Deutschland im Ausland erworbene Doktordiplome anerkannt, jedoch soweit mir bekannt ist nur unter der Bedingung, die Examen noch einmal zu wiederholen. Ich meine mich auch zu erinnern, dass es Frauen nur über die im Ausland erworbenen Studienabschlüsse möglich war, ein Universitätsstudium in Deutschland aufzunehmen. Dieses Prozedere soll die Diskussion über die Anerkennung und Zulassung der im Ausland erworbenen Bildungsabschlüsse zunehmend verstärkt haben."

„Meine liebe Hanna, du bringst da was durcheinander. Was du sagst, würde bedeuten, dass die Auslandsdiplome nicht anerkannt worden wären. Das stimmt so nicht. Ich glaube aber zu wissen, was du meinst. Es spielte sich Ende des 19. Jahrhunderts nicht in Deutschland, sondern in Österreich ab." Britt holte tief Luft.

„In Österreich wurden im Ausland erworbene Doktordiplome nur unter der Bedingung der Wiederholung sämtlicher Rigorosen zugelassen. Dieses Prozedere führte dann zu der Diskussion über die von dir angesprochenen Anerkennungen und Zulassungen der im Ausland erworbenen Bildungsabschlüsse."

„Dann eben so." Hanna nahm ihren Gesprächsfaden wieder auf. „Auf jeden Fall wurde im selben Zeitraum bei uns in Deutschland die Zulassung zum Abitur gesetzlich verankert und der *Allgemeine Deutsche Frauenverein* reichte eine Petition beim preußischen Abgeordnetenhaus ein, in der er um die Zulassung von Frauen zum Medizinstudium und zur wissenschaftlichen Lehrerinnenausbildung bat. Auch forderte der *Frauenverein Reform* die Zulassung zu allen Fächern. Unmittelbare Erfolge konnte die Initiative jedoch nicht verbuchen. Erfolgreich war hingegen das pragmatische Vorgehen von einzelnen Frauen, die Ausnahmegenehmigungen erwirkten. Diese Ausnahmegenehmigungen erwiesen sich bald als eine Hintertür, durch die den Frauen der Zugang zu den Universitäten gelang. Was als Ausnahme begann, wurde schnell zur Regel. Langsam lockerten sich die Statuten an den deutschen Universitäten. Allmählich durften Frauen sich immatrikulieren. Jahrhundertelang war der Besuch der deutschen Hochschulen ein – bis auf wenige Ausnahmen – männliches Vorrecht. Aber schließlich hatten Frauen ab dem 20. Jahrhundert Zugang zum

Medizinstudium und nur wenige Jahre später auch zum Studium an den Juristischen Fakultäten.

Hope Bridges Adams Lehmann war die erste Frau in Deutschland, die ihr Medizinstudium als Gasthörerin mit einem Staatsexamen in Leipzig abschloss. Doch stellt euch vor, ihr Abschluss wurde nicht offiziell anerkannt! Doch sie war nicht auf den Kopf gefallen und promovierte daraufhin in Bern. Schließlich erhielt sie in Dublin die britische Approbation.

Die weitaus meisten Gasthörerinnen besuchten die Friedrich-Wilhelms-Universität in Berlin. Jüdische Frauen, besonders aus dem Russischen Reich, waren in den ersten Jahrgängen besonders stark vertreten. An der Medizinischen Fakultät stellten sie sogar die Mehrheit der Studentinnen. Viele der Frauen hatten zuvor in der Schweiz studiert. Sie konnten also schon Studienleistungen vorweisen. Die guten Erfahrungen, die Schweizer Universitäten mit studierenden Frauen gemacht hatten, waren auch ein wichtiges Argument für die Öffnung der deutschen Hochschulen für Studentinnen. So betrachtet ist die Einführung des Frauenstudiums in Deutschland auch den vielen russisch-jüdischen Frauen zu verdanken, die an Schweizer Universitäten studierten. Die bekannteste unter ihnen ist Rosa Luxemburg, die an der Universität Zürich Volkswirtschaft studierte. Ein weiteres gutes Beispiel ist die Philosophin Anna Tumarkin. Sie war die erste Professorin an der Universität Bern.

Nachdem Frauen an der Philosophischen Fakultät der Universität Heidelberg studieren konnten, wurde ihnen im Großherzogtum Baden per Erlass der volle Zugang zu allen Universitätsstudiengängen ermöglicht. Die Universitäten behielten sich allerdings das Recht vor, Frauen wieder aus dem Universitätsalltag auszuschließen. Übrigens, das Großherzogtum

Baden war der Vorreiter der Freigabe aller Studiengänge für Frauen.

Apropos … an der Universität Freiburg hat Edith Stein Anfang des 20. Jahrhunderts – Mädels, hört und staunt!, mit *summa cum laude* in Philosophie promoviert. Sie wurde die erste deutsche Universitätsassistentin in Philosophie bei ihrem Doktorvater. Passt auf, jetzt kommt's! … Ihr Doktorvater verbaute ihr trotzdem die Möglichkeit einer Habilitation, weil sie eine Frau war. Stellt euch vor, auch drei weitere Anläufe zur Habilitationszulassung scheiterten an ihrem Geschlecht.

So, ich springe ins Dritte Reich. Wusstet ihr, dass die Nationalsozialisten nach ihrer Machtübernahme ihre Ideologie in Bezug auf die Rolle der Frau als Mutter ganz groß rauskehrten? Ja, nein?" Hanna sah sich fragend in der Runde ihrer Freundinnen um. Als sie keine Antwort bekam, setzte sie ihre Erzählung fort.

„Na, egal. Auf jeden Fall begannen die Nazis aus diesem Grund, den Anteil der Studentinnen von sechzehn auf unter 10 Prozent zu senken. Die anfänglichen Zugangsbeschränkungen im Rahmen des Gesetzes gegen die Überfüllung deutscher Schulen und Hochschulen wurden zu Kriegsanfang aber wieder aufgehoben. Die Studentenzahlen waren wegen des beschleunigten Aufbaus der Wehrmacht stärker als erwartet zurückgegangen und waren auf deutlich weniger als die geschätzten 15.000 Studenten gesunken. Kurz vor Ausbruch des Krieges immatrikulierten sich nur 10.000 Männer und 1.000 Frauen. Doch, o weh, sodann setzte ein akademischer Nachwuchsmangel ein! Tatsächlich nahm die Zahl der studierenden Frauen erst 1936 wieder zu. Zuvor wurde seitens des fragwürdigen Regimes für das Frauenstudium geworben – und das, obwohl sie Frauen ursprünglich nicht in ihrer Nähe wissen wollten! Bei ihrer Machtübernahme waren die Nazis noch der Meinung, Frauen wären nur als Gebärmaschinen zu gebrauchen. Siehe Muttertag und Mutterkreuz. Des Weiteren waren sie vor ihrer Regierungsübernahme der Meinung, dass die Weltordnung einzig von Männern dominiert werden sollte und Bildung und Macht einzig in Männerhände gehören würden. Sie waren auch der Meinung, dass die Emanzipation von den Juden erfunden worden sei, um die „vorbestimmte" Geschlechterordnung zu zerstören. Sie empfanden die Emanzipation als Fluch und nicht als Segen. Das offizielle Meinungsbild wurde aus gegebenem Anlass korrigiert. Die Nazis hatten Glück. Die Frauen waren begierig nach Bildung! Der Anteil der studierenden Frauen stieg in den folgenden Kriegsjahren ständig an. Zwei Jahre vor Kriegsende lag die Zahl der studierenden Frauen bei 25.000. Eine zuvor noch nie erreichte Höhe. Der entsprechende Anteil wurde erst Ende der 1990er-Jahre wieder erreicht. Zum Teil waren die studierenden Frauen selbst in den naturwissenschaftlichen Fächern in der Überzahl.

In der ehemaligen Deutschen Demokratischen Republik wurde das Frauenstudium besonders Mitte der 1960er-Jahre stark gefördert. Doch nicht aus Achtung vor den Frauen – nein, nein –, die Förderung hatte einen ganz pragmatischen Grund. Der anhaltende Fachkräftemangel wirkte sich negativ auf die Volkswirtschaft aus. Somit musste eine Lösung her! Man höre und staune, das Konzept ging auf! Ende der 1980er-Jahre betrug der weibliche Anteil der Studierenden circa 50 Prozent. Ein historischer Höchststand! Anfang des 21. Jahrhunderts haben im wiedervereinigten Deutschland mehr Frauen als jemals zuvor ein Studium an einer deutschen Hochschule erfolgreich abgeschlossen – nach Angaben des Statistischen Bundesamtes 100.000 Studentinnen. Circa zwanzig Jahre zuvor war es – wohl auch der Teilung Deutschlands geschuldet – nur die Hälfte.

Unter den deutschen Hochschulabsolventen haben die Frauen somit wieder den Anteil der 1980er-Jahre erreicht. Das ist super! Was uns allen aber zu denken geben sollte, ist die Tatsache, dass der Anteil der Professorinnen trotz eines Höchststands an weiblichen Studenten lediglich ein gutes Sechstel beträgt. Wo wir wieder beim Thema sind, liebe Ina! Die Diskriminierung der Frauen in Führungspositionen. Ach, was sage ich, überhaupt in der Arbeitswelt! Ich finde, Frauenquoten sind zum Durchsetzen unserer Rechte ein unbedingtes Muss! Ist jemand von euch anderer Meinung?" Hanna sah sich um. Keiner widersprach.

„Sei es in der Politik, in der Wirtschaft, in den privaten und öffentlichen Institutionen! Ohne dieses gesetzliche Instrument der beruflichen Gleichstellung werden die Männer uns Frauen freiwillig keinen ausreichenden Platz in den Chefetagen einräumen."

„Wow! Ganz meiner Meinung!" Ina zwinkerte Hanna zu.

„Zurück zu dem jetzigen Miteinander an den Unis: Das Bundesgleichbehandlungsgesetz beinhaltet insbesondere *Sonderbestimmungen für Angehörige von Universitäten*. Den Studienbewerberinnen und weiblichen Studierenden sollen keine Benachteiligung in Bezug auf Zulassung zum Studium, Zugang zu Lehrveranstaltungen mit einer beschränkten Teilnehmerzahl, bei der Anmeldung und Durchführung von Prüfungen, der Beurteilung des Studienerfolgs, der Festlegung der Themen und der Betreuung des künstlerischen Magisters, der Diplomarbeit oder der Dissertation wie auch der Einräumung der Möglichkeiten zur Benutzung der facheinschlägigen Einrichtungen der Universität entstehen." Hanna hielt inne und schaute in die Runde.

Gleichberechtigung in Deutschland – nicht so selbstverständlich, wie es scheint!

„Hanna, das war ja alles sehr interessant. Aber wenn du gestattest, werde ich kurz die Situation der deutschen Frauen im 20. Jahrhundert aus meiner Sicht beschreiben“, fiel Britt Hanna ins Wort.

„Frau Redakteurin – entschuldige, demnächst Chefredakteurin –, ganz wie Sie belieben.“

Es war Hanna anzusehen, dass es ihr nicht schmeckte, dass Britt ihr ins Wort gefallen war.

Britt hingegen ließ sich von Hannas Einwand nicht stören und fuhr ungeniert fort.

„Wie schon von Marie, Ina und Hanna gehört, hatten es die Frauen im 19. Jahrhundert und auch in den Anfängen bis Mitte des 20. Jahrhunderts noch ziemlich schwer. Doch um es auf den Punkt zu bringen: Wesentliche rechtliche Schritte der Gleichberechtigung der Frauen sind – auch in Deutschland – erst im letzten Drittel des 20. Jahrhunderts erfolgt. Ich hole ein wenig aus und fange mit einem Eckpfeiler der Emanzipation im 18. Jahrhundert an.

1754 promovierte Dorothea Erxleben aufgrund einer königlich angeordneten Ausnahme als erste Frau in Medizin.

1900 erlaubte das Großherzogtum Baden das uneingeschränkte Frauenstudium.

1918 wurde in Deutschland das Frauenwahlrecht gewährt.

1919 fand die erste Reichstagswahl mit dem Stimmrecht der Frauen statt.

In den 1920er-Jahren drohte der Frau in Deutschland die Entlassung, wenn der Mann berufstätig war. Auch konnten Beamtinnen bei der Heirat oder der Geburt eines unehelichen Kindes ihre Anstellung verlieren.

1931 lag der Anteil der Ärztinnen und Anwältinnen bei satten neunzehn Prozent. Übrigens, meine Lieben, meine 72-jährige Mutter erzählte mir, als ich ihr sagte, dass ich für einen Artikel zum Thema Emanzipation der Frauen in Deutschland recherchiere, Folgendes:

1949 wurde die Gleichberechtigung von Frauen und Männern in das Grundgesetz aufgenommen.

1954 wurde das Beschäftigungsverbot verheirateter Frauen im öffentlichen Dienst aufgehoben.

Unglaublich, aber wahr, es gab ihn wirklich: den Gehorsamsparagrafen! Falls ihr mir nicht glaubt, könnt ihr es googeln! Als Gehorsamsparagraf wurde der Paragraf 1354 des Bürgerlichen Gesetzbuchs in der Fassung vor dem 18. Juni 1957 bezeichnet. Dieser sprach dem Mann das Recht der Entscheidungsgewalt im Ehealltag zu. Folgender Wortlaut trat im Jahre 1900 per Gesetz in Kraft: *„Dem Manne steht die Entscheidung in allen das gemeinschaftliche eheliche Leben betreffenden Angelegenheiten zu. Er bestimmt insbesondere Wohnort und Wohnung. Die Frau ist nicht verpflichtet, der Entscheidung des Mannes Folge zu leisten, wenn sich die Entscheidung als Missbrauch seines Rechts darstellt.“* Wie nicht anders zu erwarten, haben die Männer lange mit der Abschaffung des Paragrafen gerungen – letztlich wurde er Mitte Juni 1957 ersatzlos gestrichen.

Stellt euch mal vor, bis Juli 1958 war es in Deutschland tatsächlich möglich, dass ein Mann ohne die Zustimmung seiner Frau deren Anstellungsvertrag nach eigenem Ermessen, ohne Angabe von Gründen, fristlos kündigen konnte.

Unglaublich finde ich auch das Lehrerinnenzölibat! Es wurde 1958 in Bayern aufgehoben. Wisst ihr, was das ist?"

Britt schaute in die Runde. Alle schüttelten den Kopf.

„Vom Lehrerinnenzölibat habe noch nie gehört. Was soll das sein?", fragte Marion Britt.

„Im Freistaat Bayern kamen viele Lehrerinnen irgendwann an den Punkt, an dem sie sich für den Beruf oder für die Familiengründung entscheiden mussten. Beides gleichzeitig war für die Lehrerinnen in Bayern nicht möglich!

Auch hatte bis 1958 der Ehemann das alleinige Bestimmungsrecht über Frau und Kind inne. Unglaublich, aber wahr! Der Mann hatte, selbst wenn er seiner Frau gestattete, einer Arbeit nachzugehen, die Verfügungsgewalt über ihr Gehalt.

1958 wurde dann nach einem Bundesverfassungsgerichtsurteil das Ehegattensplitting anstelle der steuerlichen Gesamtveranlagung eingeführt.

Erst seit 1962 dürfen Frauen ohne Zustimmung ihres Mannes ein eigenes Bankkonto eröffnen.

Erst seit 1969 werden verheiratete Frauen als geschäftsfähig angesehen.

Von 1974 bis 1976 wurde durch die Novellierung des Paragrafen 218 die Abtreibung erleichtert. Die zunächst beschlossene Fristenlösung (Abtreibung während der ersten drei Monate straffrei) wurde vom Bundesverfassungsgericht für verfassungswidrig erklärt und deshalb durch das Indikationenmodell ersetzt (Abtreibung ist nur bei Vergewaltigung, Gefährdung des Lebens der Mutter, drohender Behinderung des Kindes sowie sozialer Notlage zulässig).

Sodann wurde 1976 die Gleichberechtigung bei finanziellen Angelegenheiten in der Ehe eingeführt. Im selben Jahr wird es möglich, den Namen der Frau als Familienname zu wählen.

Das Bürgerliche Gesetzbuch schrieb bis 1977 tatsächlich vor, dass eine Frau, die arbeiten wollte, ihren Ehemann um Erlaubnis bitten musste. Erst 1977 wurde dieses Gesetz zugunsten der Frauen geändert. In meinem Geburtsjahr! Meine Mutter hat mir nie davon erzählt!

1991 verwarf das Bundesverfassungsgericht den Grundsatz, dass der Nachname des Mannes Ehename wird, wenn das Paar sich nicht auf einen Nachnamen einigt.

1992 wurde beim Schwangerschaftsabbruch erneut eine Fristenlösung eingeführt, dieses Mal aber mit Beratungspflicht.

Erst seit 1997 wird die Vergewaltigung in der Ehe als Verbrechen gesehen und nun endlich strafrechtlich verfolgt!

Die Daten, Zahlen und Fakten, die meine Mutter mir zukommen ließ, stimmen übrigens hundertprozentig. Ich habe alles nachgeschlagen! So, meine Lieben, was sagt ihr nun? Habt ihr das gewusst? Ich selbst bis vor Kurzem nicht! Ich bin meiner Mutter sehr dankbar für ihre Hinweise. Wenn das alles nicht so traurig wäre, könnte man darüber lachen. Tatsächlich kann ich jetzt die Männer und Frauen der 1920er- und 1930er-, vielleicht auch noch die Männer und Frauen der 1940er-Jahre deutlich besser verstehen. Die Männer hatten von Geburt an einfach durch ihr Geschlecht und durch die damaligen Gesetzeswerke die Freiheit, ihre Frauen zu unterwerfen. Sie hatten Rechte, Privilegien, Macht und Freiheiten, von denen die Frauen nur zu träumen wagten. Durch diesen Sachverhalt ist auch das oft devote Verhalten der Frauen dieser Jahrgänge zu erklären."

„Nicht schlecht, Britt! Man merkt, dass du Redakteurin bist. Immer alles sauber recherchiert." Ina lächelte anerkennend.

Hanna zog ihre rechte Augenbraue hoch.

„Na ja, geht so! Zu dem Thema Vergewaltigung und Verurteilung kann ich nämlich auch noch einiges sagen. Erst vor Kurzem stand in einem Magazin ein sehr interessanter Bericht zum Thema „Männer und Gewalt gegen Frauen". Wusstet ihr, dass sexuelle Belästigung bei uns in Deutschland immer noch als Bagatelle angesehen wird?" Hanna schaute in die Runde.

„Komm, hör doch auf! Stimmt doch gar nicht!" Sofie schnaufte laut.

„Ach nein? Dann hör mal zu!" Hanna rollte mit den Augen und fing an zu erzählen.

„Jede zweite Frau innerhalb Europas wird in ihrem Leben mindestens einmal sexuell belästigt. Nur die Hälfte der Fälle wird gemeldet! Die Weltgesundheitsorganisation bezeichnet die Gewalt gegen Frauen als länder- und kontinentübergreifendes Problem. Bei angezeigten Vergewaltigungen wird lediglich ein Prozent der Täter verurteilt! Die armen Frauen erleben zuvor bei ihrer Anzeige einen Spießrutenlauf. Vorwürfe wie: Sie hätten die Tat frei erfunden, um dem Mann zu schaden, und/ oder die Frauen seien doch selbst schuld, sie hätten sich nicht so aufreizend geben oder sich nicht so sexy anziehen oder keine Signale absenden dürfen, die der Mann falsch verstehen konnte, sind wohl noch die harmlosesten! Bei den Tätern hingegen sucht man nach Gründen, die für ihre Unschuld sprechen, zum Beispiel: Die Tat wäre bestimmt nur ein Missverständnis gewesen oder ihre Hormone hätten die Kontrolle über ihren Körper gewonnen oder der sexuelle Übergriff sei ein Ausdruck ihres Begehrens und so weiter. Wie dem auch sei – nach geltendem Recht enden selbst bei eindeutiger Beweislage die Anklagen oft mit einem Freispruch … hierzu habe ich gerade ein ganz konkretes Beispiel vor Augen!

Obwohl Deutschland 2011 die *Istanbul-Konvention* unterschrieben hat – nach der jeder Geschlechtsverkehr gegen den eindeutigen Willen einer Frau – oder eines Mannes als Vergewaltigung anzusehen ist –, gilt bei uns im Land *„Nein heißt Nein"* immer noch nicht!"

„Bist du dir da sicher?" Marie konnte nicht glauben, was sie hörte.

„Ja, ich bin mir sicher. Deutschland hat das Abkommen zwar unterschrieben, aber ich bin fest der Meinung, immer noch nicht ratifiziert. Somit wird in unserem Land weiterhin nur der erzwungene Geschlechtsverkehr bei Anwendung oder Androhung von Gewalt oder durch Ausnutzen einer schutzlosen Lage, unter Strafe gestellt. Um es an einigen Beispielen festzumachen, bedeutet es im Klartext, dass ein Mann freigesprochen wird, wenn er sich mit dem Hintern auf das Gesicht einer Frau setzt und sie in dieser Stellung zum Oralsex zwingt! Das Setzen aufs Gesicht wird tatsächlich – unglaublich, aber wahr – nicht als Gewalt, sondern als Teil einer einvernehmlichen sexuellen Handlung gesehen. Auch wird ein Sexualtäter für sein Vergehen nicht bestraft, wenn er zum Beispiel ein minderjähriges Mädchen vergewaltigt, das laut um Hilfe schreit, aber nicht wegläuft, obwohl sich die Möglichkeit ergeben hätte.

Das Gleiche gilt für einen Übergriff im eigenen Schlafzimmer. Wenn eine Frau die Vergewaltigung ihres Mannes erduldet, weil im Zimmer nebenan ihr Kind schläft, wird der Mann bei einer Anzeige seiner Frau nicht bestraft, da sie sich nicht gewehrt hat. Auch ist es kein Straftatbestand, wenn ein Mann einer Frau unter den Rock oder an den Busen fasst. Dieser Übergriff wird höchstens als sexuelle Belästigung geahndet! Diesbezügliche Anklagen verlaufen oft genug im Sand, weil sexuelle Belästigungen als Bagatelle angesehen werden! Was ich damit eigentlich sagen wollte, ist, dass Frauen immer noch vielfach in der Beweispflicht stehen. Männer hingegen nehmen oft genug die Opferrolle ein. Es ist ja schön, dass sich scheinbar zum Thema sexuelle Übergriffe viel getan hat, jedoch sieht die Realität nüchtern betrachtet ganz anders aus! So, und nun kommt ihr!“

Nachdem Hanna ihre ausführliche Berichterstattung beendet hatte, machte sich eine betroffene Stimmung in der Runde breit.

Ines durchbrach die beklemmende Stille.

„Ich finde, es ist Irrsinn, dass offensichtlich das Auftreten, das Verhalten und die Gegenwehr der Opfer und nicht die angewandte Gewalt der Täter, für die Strafbarkeit ausschlaggebend ist. Mädels, wir – ich nehme mich da gar nicht aus – verurteilen immer wieder andere Länder und andere Sitten – doch wie wir gehört haben, gibt es in Deutschland in Bezug auf den Opferschutz und im Umgang mit Sexualstraftätern, noch viel Luft nach oben!“

„Du hast ja so recht. Es muss sich endlich etwas ändern. Aber ich möchte gern noch einmal auf das Thema ‚Kampf der Frauen für die Gleichberechtigung‘ zurückkommen. Wisst ihr, dass dem Erlangen des Frauenwahlrechts ein langer Kampf der Frauenbewegung vorausging? Bereits im 18. Jahrhundert begann dieser. Doch bevor ich weiter darauf eingehe, meine lieben Mädels, ich habe heute meine Spendierhosen an und möchte anlässlich Britts anstehender Beförderung zur Chefredakteurin allen ein Gläschen Sekt ausgeben.“ Sofie sah sich nach einem Kellner um. Als sie ihn sah, winkte sie ihn an den Tisch und gab ihre Bestellung auf.

„So, meine Lieben, nun kann es weitergehen – oder was sagt ihr, Mädels?“

Zustimmendes Nicken in der Runde.

„Wie gesagt, da ihr alle viel zum Thema Emanzipation zu erzählen habt, will ich mit meinem geballten Wissen zum Thema ‚Frauenwahlrecht auf unserem Globus‘ nicht hinter dem Berg halten.“ Sofie holte tief Luft.

Der steinige Weg des globalen Frauenwahlrechts

„Als erste moderne Kämpferin für das Frauenwahlrecht fällt mir Olympe de Gouges ein. Sie verfasste im Laufe der Französischen Revolution unter anderem die *Erklärung der Rechte der Frau und Bürgerin*, die im September 1791 veröffentlicht wurde. Zwei Jahre später wurde sie verhaftet und monatelang in verschiedenen Gefängnissen eingekerkert. Schließlich wurde sie im Herbst desselben Jahres nach einem kurzen Schauprozess öffentlich auf der Place de la Concorde durch eine Guillotine hingerichtet.

Dann reisen wir rund 140 Jahre weiter in ein asiatisches Land. In die Türkei. Bevor jemand fragt – asiatisch, da immerhin 97 Prozent der Türkei in Asien liegen und nur drei Prozent in Europa. Also … im Jahre 1930 bekamen die Frauen in der Türkei bei den Kommunalwahlen das aktive und passive Wahlrecht – bei den Parlamentswahlen haben sie es seit 1934. Wusstet ihr, dass die türkischen Frauen das Wahlrecht dem Reformwerk von Mustafa Kemal Atatürk verdanken? Ja, er ist sogar selbst mit gutem Beispiel vorangegangen. Mensch, dazu muss ich euch unbedingt eine kurze Geschichte erzählen. Wir gehen ein paar Jahre zurück.

Es geht um den ewigen Junggesellen Atatürk. Er soll übrigens ein ganz Schicker gewesen sein. Na ja, wie dem auch sei, bis vor seiner Hochzeit ließ Atatürk angeblich nichts anbrennen … sagt man ihm zumindest nach. Doch wie es so im Leben kommen kann, verliebte er sich Hals über Kopf in eine Tochter aus gutem Hause, in die junge Latife Uşşaki, Tochter eines reichen Händlers aus Izmir. Ich meine, sie war dreiundzwanzig, als sie sich kennenlernten. Atatürk war übrigens schon über vierzig. Latife Uşşaki soll Mustafa Kemal Atatürk mächtig imponiert haben. Sie war – für die türkischen Frauen dieser Zeit recht ungewöhnlich – sehr emanzipiert und gebildet. Ihre betuchten Eltern ließen sie ihre Schulzeit in Großbritannien verbringen. Später studierte sie an der Sorbonne Jura. Latife Uşşaki sprach mehrere Sprachen fließend. Geheiratet wurde Ende Januar 1923. Die Hochzeit wurde nur vom Bürgermeister Izmirs vollzogen. Seine Hochzeit setzte Atatürk geschickt in Szene, um dem türkischen Volk zu verkünden, dass alle Eheschließungen in der Türkei künftig ebenfalls von Vertretern des Staates durchzuführen seien. Für alle sichtbar brachen die beiden schon bei ihrer Trauung mit alten Traditionen. Anders als damals üblich wurde Latife nicht durch einen Vormund vertreten, sondern nahm bei der religiösen Zeremonie direkt gegenüber dem Imam Platz. Dieser fragte Latife direkt, ob sie Atatürk heiraten wolle. Natürlich wollte sie! Als Brautpreis zahlte Atatürk eine Summe von zehn Dirhem – ein lächerlicher Betrag, der die Gleichstellung von Mann und Frau symbolisieren sollte.

Atatürk und sie gingen mit gutem Beispiel voran. Das Paar zelebrierte in der Öffentlichkeit einen Umgang auf Augenhöhe. Ein Fakt, der seinerzeit einer Revolution sowohl in der Türkei als auch anderswo auf der Welt gleichkam. Ihr müsst euch vorstellen, dass im modernen Ankara das gesellschaftliche Leben von der sogenannten *kaçgöç* – der traditionellen islamischen Geschlechtertrennung – bestimmt wurde. Die türkischen Frauen verhüllten ihre Gesichter. Die unverschleierte Latife hingegen begleitete ihren Mann bei seinen offiziellen Reisen durch die Türkei. Selbstbewusst präsentierte sie sich der Presse. Latifes Einstellung war eindeutig: Frauen sollten ihren Schleier ablegen, und der Staat sollte Bildung und

Religion trennen. Die Umsetzung ihrer Forderungen sollte die Stellung der Frau in der Gesellschaft stärken. Gemeinsam mit Atatürk arbeitete Latife dessen Reden aus und sprach selbst vor Publikum über Frauenrechte. Stellt euch das mal vor! Und das zu einer Zeit, als bei uns die Patriarchen in ihrem Stuhl saßen und sich von ihren gehorsamen Ehefrauen die Puschen bringen ließen! Tja, die Türkei war in vielem viel weiter als wir! Doch kommen wir zurück zu Latife. Sie unterstützte die Ausarbeitung eines Zivilgesetzes, das die nach islamischem Recht mögliche einseitige Scheidung durch den Mann und die Polygamie abschaffen sollte. Latife war übrigens die erste Frau in der türkischen Geschichte, die bei einer Sitzung des Parlaments anwesend war. Sie bewirtete Gäste und Gesandte entgegen der jahrhundertelangen Tradition. Auch sprach sie ihren Mann bei gesellschaftlichen Anlässen mit Vornamen an, obwohl das Protokoll vorsah, dass sie Atatürk mit „mein Pascha" oder „verehrter Pascha" ansprechen sollte. Die Presse als auch Vertreter anderer Länder waren sich sicher: Latife war die perfekte Synthese aus West und Ost und ein Symbol für die moderne Türkei. Jeder ihrer Schritte wurde von der Presse und vom türkischen Volk mit Argusaugen verfolgt. In der Ehe sowie in der Öffentlichkeit vertrat Latife ihre eigenen Standpunkte. Auf diesem Weg trug sie erfolgreich zur Modernisierung des Frauenbilds in der Türkei bei. 1923 schrieb die *New York Times*, als es Gerüchte über ein Attentat auf Atatürk gab: „Die Witwe Kemals könnte die Türkei regieren." Fest steht, dass Latife die Position ihres Mannes stärkte – zumindest was die Beziehung zur westlichen Welt anging. Auch wenn vermutet wird, dass politisches Kalkül hinter ihrer Verbindung stand, stellte niemand infrage, dass es eine Liebesheirat war. Doch leider gab es für die beiden kein Happy End. Die Ehe zwischen Latife Uşşaki und Mustafa Kemal Atatürk scheiterte bereits nach zweieinhalb Jahren. Atatürk ließ sich scheiden. Auch nach der Scheidung gelang es ihm mittels gezielter Förderung von ihm adoptierter Mädchen und junger Frauen, die Frauenemanzipation in der Türkei voranzutreiben. Allerdings war erst die Einführung des aktiven und passiven Frauenwahlrechts von grundlegender gesamtgesellschaftlicher Bedeutung."

„Sofie, bevor du weiterredest, möchte ich gern wissen, was aus Latife wurde." Ina und die anderen Frauen aus der Gruppe schauten Sofie neugierig an.

„O ja, na klar, nach ihrer Scheidung zog sie sich komplett aus dem öffentlichen Leben zurück und lebte bis zu ihrem Tod im Jahr 1975 alleine abwechselnd in Izmir und in Istanbul. Ist das nicht eine traurige Geschichte? Wenn ihr mich fragt, war Atatürk ihre einzige große Liebe! So, Mädels, bevor mir die Tränen kommen, lasst mich das Thema ‚Frauenwahlrecht auf unserem Globus' vertiefen. Seid mir bitte nicht böse, wenn ich mich nicht immer an die zeitlichen Abläufe halte – ich hoffe doch sehr, dass ihr mir dennoch folgen könnt. Ansonsten … bremst mich einfach!

Also, die armen Frauen im 19. Jahrhundert sollten je nach Stand kultiviert oder fleißig sein. Über ihr Leben durften sie jedoch nicht selbst bestimmen. Die häusliche Tugend war das, was Männer an ihren Frauen neben ihrer Anständigkeit schätzten, des Weiteren ihre Vorzeigbarkeit nach außen. Das waren die Attribute, die traditionell den Wert einer jungen Frau auf dem Heiratsmarkt bestimmten. Zumindest in Deutschland, aber nicht nur dort.

Die einen Männer sehnten sich nach einer mariengleichen, idealen Mutter für ihre ungeborenen Kinder. Die anderen wollten eine gefügige Hausmutter, die ihren Teil der Familienarbeit innerhalb des Hauses erfüllte und ansonsten dem Mann und Haushaltsvorstand in allen Belangen unterstand.

Eine Rollenverteilung, die jener arbeitsteiligen Familienorganisation glich, die schon im antiken Rom vorherrschte und deren zentrale Institution die väterliche Gewalt war.

Insgesamt war es für die Wahlrechtsbewegungen wichtig, die Anliegen der Frauen in einem kulturell akzeptierten Rahmen zu formulieren. Wenn das vorherrschende Geschlechterbild aber kein öffentliches Auftreten für Frauen vorsah, musste zum Beispiel in Südeuropa erst ein neues Rollenbild geschaffen werden, damit die Forderung nach politischer Mitbestimmung legitim wurde. 1904 wurde in Berlin der *Weltbund für Frauenstimmrecht* gegründet. Eines seiner Ziele war die Erlangung des aktiven und passiven Wahlrechts für Frauen. Er vereinte sowohl Anhängerinnen eines eingeschränkten als auch eines allgemeinen Frauenwahlrechts. Viele seiner bürgerlichen Mitgliedsverbände traten nur für ein Zensuswahlrecht ein. Der *Weltbund* war ein wichtiger Motor, der mit seinen regelmäßigen Kongressen für eine weltweite Vernetzung sorgte und einzelne Frauen sowie Gruppen aus vielen Ländern motivierte, sich für ihre Rechte einzusetzen. Er nahm aber nur die Dachorganisation eines Staates auf. Daher waren Frauen aus besetzten Ländern wie Polen, Tschechien oder den baltischen Staaten nicht im *Weltbund* vertreten und fanden kein Gehör für ihre Forderung nach nationaler Unabhängigkeit.

In Deutschland waren die sozialistischen Frauen in der *Fraueninternationale* vereinigt. Die Frauenrechtlerin Helene Stöckers gründete 1905 den *Bund für Mutterschutz*, drei Jahre später den *Bund für Mutterschutz und Sexualreformen.* Sie setzte sich aktiv für Sexualaufklärung ein und kämpfte für die Straffreiheit bei der Abtreibung.

Der erste sozialistische Frauenkongress wurde 1907 in Stuttgart unter der Leitung von Clara Zetkin veranstaltet. Die Frauen forderten für die sozialen Unterschichten das Frauenwahlrecht mit derselben Dringlichkeit wie das allgemeine Männerwahlrecht.

Beim zweiten Treffen, drei Jahre später in Kopenhagen, beschlossen sie die Einführung des *Internationalen Frauentags* als Kampftag für das Frauenwahlrecht. Sie organisierten in vielen Ländern die ersten Demonstrationen zur Umsetzung ihrer Ziele. Der Weg zum allgemeinen Frauenwahlrecht verlief parallel zur heftig umkämpften Abschaffung des Zensuswahlrechts für Männer. Nur in wenigen Staaten wurde das allgemeine Wahlrecht für beide Geschlechter zum selben Zeitpunkt eingeführt – wie 1906 im damals zu Russland gehörenden Großherzogtum Finnland. Je eher die Männer das uneingeschränkte Wahlrecht bekamen, desto länger mussten die Frauen darum ringen.

Die Niederlage des Volkes im Ersten Weltkrieg brachte einen Etappensieg für die Frauenrechtlerinnen. Mit einem Reichgesetzblatt vom November 1918 wurden deutsche Frauen erstmals an die Wahlurnen gebeten. Sie wurden aufgerufen mitzuentscheiden, wer in der Nationalversammlung über Deutschlands Zukunft entscheiden sollte. 82 Prozent der mindestens zwanzigjährigen, wahlberechtigten Frauen übten dieses neue Recht aus, das ihnen sowohl aktiv als auch passiv zustand. Ihr könnt anhand der hohen Wahlbeteiligung sehen, wie groß der Wunsch der Frauen gewesen sein muss, ihre Meinung zu äußern – auch wenn sich nur eine kleine Minderheit nach außen Gehör verschaffte, war der Wunsch nach Emanzipation offensichtlich groß.

Während des Krieges und der Abwesenheit ihrer Männer hatten viele Frauen Lücken in Industrie und Familie ausgefüllt und sich eine selbstbewusste Position gegenüber den Männern erworben. Anfang Februar 1919 hielt die SPD-Politikerin Marie Juchacz die erste Parlamentsrede einer Frau in Deutschland. Die Frauen in der *Sozialdemokratischen Partei Deutschlands* gründeten im selben Jahr die *Arbeiterwohlfahrt*. Die pazifistischen Feministinnen wiederum schlossen sich in der *Internationalen Frauenliga für Frieden und Freiheit* zusammen.

In der verfassunggebenden Nationalversammlung von 1920 saßen dann auch einundvierzig Frauen. Im Reichstag waren die Frauen immerhin mit acht Prozent vertreten.

Frankreich und die Schweiz wurden zu Nachzüglerstaaten, weil sie die ältesten Männerdemokratien Europas waren. Ähnlich sah es in Griechenland und Bulgarien aus. Die Sozialdemokraten waren in einigen Ländern die Ersten, die die Frauen in ihrer Forderung nach Wahlrecht unterstützten. Doch sie engagierten sich nur dann für ein Frauenstimmrecht, wenn es in ihren Kram passte, das heißt, wenn sie es mit ihren eigenen Interessen der Ausdehnung des Männerwahlrechts verbinden und sie diesbezüglich weibliche Unterstützung gut gebrauchen konnten. Vielfach befürchteten sie jedoch, dass das Frauenwahlrecht ein Hindernis sei, um das volle Arbeiterwahlrecht durchzusetzen. In vielen Staaten sympathisierten die Liberalen mit dem Frauenwahlrecht. Entscheidend aber war, dass die liberalen Politiker oft an einem Zensus festhielten und politische Mitbestimmung vom sozialen Stand oder von der Bildung abhängig machten. Entsprechend verlangte die Mehrheit der bürgerlichen Frauen für ihr Geschlecht ebenfalls ein Wahlrecht. Es ging ihnen in erster Linie um die Aufhebung der Geschlechterbarrieren – wobei ein Teil der Frauenrechtlerinnen dies nur als einen ersten Schritt in das allgemeine Wahlrecht sah. Die europaweit diskutierte Frage lautete: War der Arbeiterklasse oder dem weiblichen Geschlecht der Vorrang zu geben?

Jede politische Seite befürchtete für sich negative Konsequenzen. Sozialisten und Liberale glaubten vielfach, dass vor allem die Konservativen und deren Gesinnungsgenossen vom Stimmrecht der Frauen profitieren würden. Umgekehrt sahen konservative Parteien die Gefahr, dass Frauen mit ihrer Stimme linke und liberale Parteien stärken würden. Zudem sahen die Parteigenossen im Frauenwahlrecht den ersten Schritt zur vollständigen Emanzipation. Dies war auch einer der Gründe, weshalb sich die Aufhebung des „gesellschaftlichen Schichtendenkens“ eher durchsetzte. In fast allen Staaten reagierten Menschen mit den gleichen Vorbehalten auf die Forderung von Frauen nach politischer Mitbestimmung. Unterstützt von der antifeministischen Strömung der Kaiserzeit wurde immer wieder die *natürliche Bestimmung der Frau* ins Feld geführt. Eine Frau war nach dem damaligen Weltbild für die Hausarbeit prädestiniert – während die Politik in Männerhände gehörte!“

Ina lachte laut auf. Sofie erzählte weiter.

„Man dachte aber auch, dass Frauen wegen ihrer sozialen Rolle nicht neutral urteilen könnten. Britische Reformer verhinderten ein Frauenwahlrecht vor allem deshalb, weil es politische Differenzen innerhalb der Familien – also zwischen den Ehepartnern – verursachen könnte. Wer mag es ihnen verdenken? Ein großer Teil der Männer wollte ihren Aufgabenbereich nicht mit Frauen teilen, erst recht nicht mit ihren eigenen Frauen. Aus diesem Grund wurde in Skandinavien und Großbritannien das kommunale Wahlrecht zunächst nur für ledige und verwitwete Frauen eingeführt – mit der offiziellen Begründung, dass verheiratete Frauen schon durch ihre Ehemänner vertreten seien. Frauen hatten gegen geschlechtsspezifische Barrieren zu kämpfen, von denen Männer nicht betroffen waren.

In einigen katholischen Staaten wie Belgien, Italien und im orthodoxen Bulgarien wurde verheirateten Müttern das kommunale Wahlrecht zuerst zugestanden. Sie galten als „wertvoller“ als kinderlose Frauen. Niemand kam hingegen jemals auf die Idee, die Wahlberechtigung der Männer von deren Zeugung ehelicher Kinder abhängig zu machen. Diese hatten lediglich die Wehrpflicht als Voraussetzung. Um die angeblich unvorhersehbaren Folgen eines Frauenstimmrechts zu minimieren, diskutierten die Parlamentarier alle möglichen Formen eines spezifisch weiblichen Zensus. In einigen Staaten, wie in

Griechenland, wurde für Frauen ein gewisser Bildungszensus eingeführt. Im Gegensatz zu den männlichen Wählern mussten Frauen eine Schulbildung nachweisen. In England, Ungarn und Island unterlagen Frauen zeitweise einem Alterszensus, demzufolge sie erst mit dreißig beziehungsweise mit vierzig Jahren ihr Wahlrecht ausüben durften. Eine weitere Form war der Moralzensus, der zunächst den Liebesdienerinnen in Österreich, Spanien und Italien das Wahlrecht vorenthielt – während ihre Freier von dieser Einschränkung selbstverständlich nicht betroffen waren.

Insgesamt lassen sich zwei geografische Linien feststellen, in denen sich in zeitlich abgestufter Reihenfolge das Frauenwahlrecht durchsetzte. Vorreiter waren die Skandinavier. Die möglichen Ursachen hierfür sind nicht untersucht, liegen aber wahrscheinlich in der Gesellschaftsform und der wirtschaftlichen Situation der betroffenen Länder.

Im mittleren Europa haben fast alle Länder nach dem Ersten Weltkrieg das Frauenwahlrecht eingeführt. In den meisten Staaten vollzog sich Anfang des 20. Jahrhunderts ein vollständiger Umbruch. Dieser umfasste im Zuge einer Revolution oder einer neuen Staatsgründung die Einführung des allgemeinen Wahlrechts für beide Geschlechter. Der politische Neubeginn basierte auf demokratischen Prinzipien. Zur Stabilisierung des neuen Systems waren die Regierungen auch auf die Unterstützung der Frauen angewiesen. Nur in Großbritannien und in den Niederlanden waren die Frauenwahlrechtsbewegungen so stark, dass Frauen in diesen Ländern mehr oder weniger aus eigener Kraft die Durchsetzung ihrer Forderungen erreichten – wenn auch hier die Arbeit der Frauen im Krieg beziehungsweise die revolutionären Ereignisse die Durchsetzung beschleunigten.

Die meisten südlichen und südöstlichen Länder erlangten nach dem Zweiten Weltkrieg beziehungsweise in der Nachkriegszeit das Frauenstimmrecht, wobei auch Belgien und Frankreich in diese Zeit fallen. In den romanischen Ländern, in denen der *Code civil* – ein von Männern dominiertes Zivilrechtssystem – galt, war die Unmündigkeit der Frauen stärker in der Gesellschaft verankert als anderswo auf der Welt. Der dominante Einfluss der Kirche prägte in der ersten Hälfte des 20. Jahrhunderts die Geschlechterordnung in den südlichen Ländern. In vielen südlichen Ländern wurde die wichtige Bedeutung der Frauenaktivitäten erst im Widerstand gegen die deutsche Besatzung, genau genommen im Zweiten Weltkrieg, erkannt – worauf die Frauen als *Belohnung*, sozusagen als *Gegenleistung*, ihr Wahlrecht erhielten.

Ausnahmen in der Nord-Süd-Entwicklung stellen die Schweiz, Liechtenstein (der sechskleinste Staat der Welt) sowie die Staaten der Iberischen Halbinsel dar. Die beiden Alpenländer sind die einzigen, in denen die Einführung des Frauenwahlrechts – gilt in der Schweiz auch für das Stimmrecht – von einer männlichen Volksabstimmung abhing. Ein Umstand, der den Kampf der Frauen aufs Heftigste erschwerte. Denn Fakt ist: Gegen einen Beschluss der Regierung lässt sich leichter protestieren als gegen ein Nein des Volkes. Falls ich mich irgendwann wiederhole, sagt es mir bitte. Ich möchte euch ja nicht langweilen." Sofie sah in die Runde – keine ihrer Freundinnen zeigte Ermüdungserscheinungen. Alle hingen gebannt an ihren Lippen. Sofie setzte ihre Erzählung fort.

„Portugal und Spanien unterschieden sich vom übrigen Europa. In beiden Ländern verhinderten die lange währenden Diktaturen der autoritären Regimes das allgemeine Frauenstimmrecht. In Spanien machte die Diktatur des autoritären Regimes die frauenpolitischen Errungenschaften rückgängig. In beiden Ländern dauerte es bis zum Ende der Diktatur, bis die Frauen endlich in den Besitz ihrer Bürgerrechte kamen. Ich meine, es war so Mitte der 1970er-Jahre. Doch auch in anderen Staaten verhinderten autoritäre beziehungsweise faschistische Regimes, wie in Bulgarien und in Italien bis 1946, die Durchsetzung des allgemeinen Frauenwahlrechts. Die Frauenbewegung ist eine globale soziale Bewegung, die sich für die Gleichberechtigung von Frauen in Staat und Gesellschaft einsetzt. Ihr Ursprung steht eng in Zusammenhang mit den sozialen und erzieherischen Reformbewegungen in Westeuropa und den USA des 19. Jahrhunderts.

Schnell schwappte die Bewegung und die damit verbundenen Forderungen der Frauen auch auf andere Länder über. Wichtige Themen der damaligen Frauenbewegung waren unter anderem die Gleichstellung der Geschlechter und die Neubewertung traditioneller Geschlechterrollen. Es galt die Bevormundungen, die Ungerechtigkeiten und sozialen Ungleichheiten zu beseitigen.

Erste Ansätze einer Frauenrechtsbewegung entstanden im Zeitalter der Aufklärung – gleichzeitig mit dem Beginn bürgerlicher Emanzipationsbestrebungen. In Bezug auf das Verhältnis zwischen den Geschlechtern kristallisierten sich früh zwei grundlegend verschiedene Auffassungen heraus: eine dualistische/differenzialistische und eine generalistische/egalitäre Sichtweise. Erstere ging von einer grundlegenden natürlichen, vielleicht auch göttlich begründeten *Verschiedenheit der Geschlechter* aus. Die zweite Sichtweise basierte auf den Ideen der Aufklärung.

Anfang des 20. Jahrhunderts wurden in den USA – mit der Verabschiedung des neunzehnten Verfassungszusatzes alle Einschränkungen des Wahlrechts, dem das Geschlecht zugrunde lag, untersagt. Frauen erhielten das vollständige Wahlrecht auf allen Ebenen. In Großbritannien setzte sich die Suffragettenbewegung um Christabel Pankhurst im frühen 20. Jahrhundert für das Frauenwahlrecht und für die allgemeinen Frauenrechte ein. Auslöser für die Entstehung der Frauenwahlrechtsbewegung waren Wahlrechtsreformen, die ausschließlich Männern zugutekamen und die Frauen komplett ignorierten, und Wahlgesetze, die einer Minderheit von privilegierten Frauen das Wahlrecht entzogen, das sie wie in Großbritannien und Österreich traditionell besaßen. In den osteuropäischen Ländern, die von Russland, Österreich und Preußen beherrscht waren, konnte sich keine eigenständige Frauenbewegung entwickeln. In diesen Ländern wurden nur einige wenige Stimmen nach Frauenrechten laut … der Kampf um die nationale Unabhängigkeit hatte absolute Priorität.

Zusammenfassend ist zu sagen, dass sich in allen Ländern der Erde die Frauen früher oder später erhoben haben, um ihre Forderungen kundzutun. Zunächst in Zeitungen und Flugblättern. Später griffen sie auf klassische Möglichkeiten wie Petitionen und Gesetzesinitiativen zurück. Frauenrechtlerinnen in protestantischen Ländern engagierten sich im Sammeln von Unterschriften.

So konnte Anfang des 20. Jahrhunderts die Frauenwahlrechtsvereinigung in Island elftausend Unterschriften von Frauen vorweisen. Eine Zahl, die etwa der Zahl der wahlberechtigten Männer entsprach. Nur in wenigen Ländern kam es, wie in Großbritannien und den Niederlanden, zu Straßenprotesten, Demonstrationen und Mahnwachen.

Aufklärungsarbeit in Form von fiktiven Geschichten und Theaterstücken waren zum Beispiel in Schweden weit verbreitet. Die Schweiz wiederum setzte in den 1920er-Jahren moderne Werbeträger wie Film und Leuchtreklame ein. Auch war es bei ihnen beliebt, Alltagsgegenstände wie Fingerhut, Bleistift, Geschirr oder Taschenspiegel mit der Forderung nach dem Frauenwahlrecht zu versehen. Am fantasiereichsten waren die englischen Suffragetten, die eigene Läden eröffneten und ein Corporate Identity in den Farben Purpurrot, Weiß und Grün entwickelten. Französische Aktivistinnen unternahmen einzelne Aktionen zivilen Ungehorsams wie Steuerboykott und Verbrennen des *Code civil.* Sie konnten mit diesen Aktionen aber keine Anhängerschaft finden. Nur in Großbritannien kam es zu Massenbewegungen. Während die große Mehrheit gemäßigt eingestellt war, wurde eine kleine Minderheit nach vierzig bis fünfzig Jahren erfolglosen Protesten radikal. Sie griffen Abgeordnete an, warfen Fensterscheiben ein und legten Brände. Auf ihre Verhaftung reagierten einige mit Hungerstreik.

Obwohl die verschiedenen Frauenbewegungen gemeinsame Ziele anstrebten, bekämpften sie sich untereinander – eine Tatsache, die natürlich auch den *Internationalen Frauentag* in der Weimarer Republik prägte. So gab es ab 1926 zwei verschiedene Frauentage mit verschiedenen Aktionsmotiven und Veranstaltern.

In den 1920er-Jahren saßen Frauen in Deutschland im Parlament. Nur zehn Jahre später sollten sie vor allem an der Wiege sitzen. Aber nicht nur das! Der NS-Staat brauchte Kinder- und Arbeiterinnen. Obwohl es zu diesem Zeitpunkt gelang, zusätzliche Gesetze zu einer Verbesserung der rechtlichen Situation von Frauen durchzusetzen, war die Entwicklung der Frauenrechte während der 1920er- und 1930er-Jahre nicht nur von Fortschritten gekennzeichnet. Hanna, wie du bereits sagtest, nutzten im Zweiten Weltkrieg immer mehr Frauen den Zugang zu den Universitäten, um so ihre Chancen auf dem Arbeitsmarkt zu verbessern, doch die Weltwirtschaftskrise in Verbindung mit der Inflation und der Arbeitslosigkeit sorgten dafür, dass einige Parteien, allen voran die nationalsozialistischen Ideologen, eine erfolgreiche Kampagne gegen Doppelverdiener starteten. Berufstätige Frauen wurden Mitte der 1930er-Jahre systematisch aus ihren Berufen gedrängt. Dennoch gelang es immer mehr Frauen, an den Hochschulen zu studieren.

Nach der Machtübernahme Hitlers löste sich der *Bund Deutscher Frauenvereine* auf. Das bedeutete das Ende der größten eigenständigen und parteiunabhängigen Frauenbewegung in Deutschland. Viele der erkämpften Rechte, wie das passive Wahlrecht und der Lohngleichheitsgrundsatz, wurden wieder abgeschafft. Bereits Anfang der 1920er-Jahre hatte die erste Generalmitgliederversammlung der NSDAP in München einstimmig beschlossen, dass Frauen niemals in die Führung der Partei und in den leitenden Ausschuss aufgenommen würden. Frauen mussten ab 1938 ein Pflichtdienstjahr ohne Ausbildung absolvieren, um sich auf die Ehe vorzubereiten. Die Frauen, die heirateten, wurden finanziell unterstützt. Ab 1941 wurde sodann die Produktion von Verhütungsmitteln verboten. Stellt euch vor, ab 1943 stand auf Schwangerschaftsabbruch die Todesstrafe. Die meisten Frauen waren unter Hitler gezwungen, das Kinderkriegen und die Erziehung ihrer Kinder zu ihrem einzigen Lebensinhalt zu machen. „Das Programm unserer nationalsozialistischen Frauenbewegung enthält eigentlich nur einen einzigen Punkt – dieser Punkt heißt: *Das Kind*“, ließ Hitler seinerzeit verlauten. Dementsprechend wurde der *Internationale Frauentag* unter der NS-Herrschaft abgeschafft. Stattdessen wurde der *Muttertag* eingeführt, an dem der *fleißig gebärenden deutschen Nationalsozialistin* je nach Kinderzahl das bronzene, silberne oder goldene Mutterkreuz verliehen wurde.

Vier Jahre nach Kriegsende wird das Bürgerliche Gesetzbuch reformiert. Männer und Frauen sind fortan gleichberechtigt.

„Der Staat fördert die tatsächliche Durchsetzung der Gleichberechtigung von Frauen und Männern und wirkt auf die Beseitigung bestehender Nachteile hin“, heißt es in Artikel drei, Absatz zwei des Grundgesetzes. Diese Änderung gilt auch heute, im 21. Jahrhundert, immer noch! Und, wer hat's gerichtet? Vier Frauen! Elisabeth Selbert, Helene Weber, Helene Wessel und

Friederike Nadig, den engagiertesten Streiterinnen für die Gleichberechtigung in Deutschland, ist diese Reformierung zu verdanken. Gleichberechtigung soll fortan grundsätzlich gelten. Ohne Ausnahmen von der Regel. Eine Benachteiligung aufgrund des Geschlechts wird explizit ausgeschlossen. In der Realität hatte die Gleichberechtigung jedoch ihre Grenzen. Das Bundesverfassungsgericht erkannte in den 1950er- und 1960er-Jahren *natürliche biologische Unterschiede zwischen Mann und Frau* an. Mit der chauvinistischen Aussage legitimierten die Verfassungsrichter zu jener Zeit eine arbeitsteilige Gesellschaft, in der die Frauen, was den Zugang zu Bildung und Arbeit und somit zu wirklicher Eigenständigkeit betraf, ganz klar weiterhin im Nachteil waren. In Deutschland blieben Frauen durch das Ehe- und Familienrecht in erster Linie Hausfrauen.

Doch fairerweise muss ich sagen, dass die deutsche Nachkriegsgeschichte eine historische Umwälzung mit sich brachte. Nach dem Krieg wurden die Strukturen und Rollenbilder beider Geschlechter von Grund auf neu definiert. Am Beginn stand die Hausfrau, am Ende steht die Managerin – auch wenn Frauen in Deutschland trotz Frauenquote immer noch nicht im gleichen Maße auf hoch dotierten, prestigeträchtigen und machtvollen Positionen sitzen wie Männer.

Eines möchte ich abschließend noch sagen … seit Einführung des *Internationalen Frauentags* hat die Frauenbewegung viel erreicht – sei es für die gesetzliche Gleichstellung oder den Zugang zu Bildung und Arbeit. Kritische Stimmen lassen verlauten, dass die Aktionen zum 8. März heute nur noch zum Ritual einer bestimmten Gruppierung von Frauen gehört, die in den 1960er- und 1970er-Jahren politisch sozialisiert und durch den Feminismus dieser Jahre geprägt wurden. Ich kann dem nur zustimmen. Oder geht einer von euch am 8. März auf die Straße? Ich definitiv nicht! Wobei … erst mit dem Aufkommen der Friedensbewegung, die von der breiten Bevölkerungsschicht mitgetragen wurde, kam in den frühen 1980er-Jahren der *Internationale Frauentag* wieder ins Gespräch. 1978 beschloss die *Sozialistische Fraueninternationale* im kanadischen Vancouver, den 8. März wieder als Frauenkampftag einzuführen und mit Forderungen nach Frieden neu zu begründen. Im Laufe der Jahre und unter dem Einfluss autonomer feministischer Bewegungen löste sich der *Internationale Frauentag* immer mehr von seinem parteipolitischen Hintergrund.

Heute steht der 8. März für den Tag des internationalen Rechts der Frau, an dem es – je nach aktueller politischer Situation des Landes – um gleichen Lohn für gleiche Arbeit, Gleichberechtigung auf dem Arbeitsmarkt und einen verstärkten Kampf gegen Diskriminierung geht.

Es ist offensichtlich, dass viele Frauen unseres Jahrgangs und vor allem die jüngeren Frauen der 1980er- und 1990er-Jahre wenig mit dem Aktionstag anfangen können. Unser Kampffeminismus und der unserer Mütter und Großmütter scheint längst überholt. Zum Geschlechterkampf sehen viele junge Frauen sich nicht mehr berufen. Längst suchen sich junge Frauen im 21. Jahrhundert eigene Wege, um sich als Frau in der Gesellschaft zu behaupten. Schauen wir mal, wohin uns das führt. Hauptsache, die jungen Frauen lassen sich nicht wieder ins alte Rollenbild zurückdrängen. Na, was sagt ihr? Habe ich recht oder habe ich recht?“, beendete eine zufriedene Sofie ihren eindrucksvollen Vortrag.

Marion winkte ab. „O nein … du schon wieder! So langsam gehst du mir mit deinem Emanzipationsgerede mit allem Drumherum wirklich auf den Geist! Doch muss ich zugeben, dass du mal wieder recht hast! Ich kannte den 8. März als Frauenaktionstag nicht und habe durch dich mal wieder etwas dazugelernt. Zufrieden?“

Sofie lächelte gewinnend. „Ja … danke!“

Partystimmung

„So, Themenwechsel! Ihr setzt euch dermaßen für die Rechte der Frauen ein – Sofie, du ja bald auch beruflich … hast du es den anderen eigentlich schon erzählt?“, fragte Hanna interessiert.

„Wie, was soll sie uns erzählt haben?“, fragte Marion.

„O nein, Hanna, du bist vielleicht eine Plaudertasche! Dir kann man auch nichts erzählen! Du kannst wirklich nichts für dich behalten! Ich wollte es euch allen erzählen. Nur später! Nicht hier und heute! Na gut … wie ihr ja schon wisst … ich liege bekannterweise in den letzten Zügen meines zweiten Staatsexamens. Es wurde nunmehr Zeit, mir Gedanken um meine berufliche Ausrichtung zu machen. Die Würfel sind gefallen. Ich werde als Anwältin für internationales Frauenrecht bei einer großen Kanzlei in Brüssel einsteigen.“

„Wie jetzt? Das wolltest du uns vorenthalten? Sofie, da ist jetzt zur Strafe noch eine Runde Sekt auf deine Kosten fällig! Marie, du hast es doch bestimmt schon gewusst, oder?“, fragte Ina Marie. Ina schien an einer Antwort Maries jedoch nicht wirklich interessiert. Sie hielt bereits nach einem Kellner Ausschau. Trotz Sektlaune und der Aussicht auf Nachschub machte sich eine Totenstille am Tisch breit. Man merkte den Frauen an, dass sie sich fragten, was wohl aus ihrem Damenkreis werden würde, wenn Sofie nicht mehr regelmäßig an ihren Treffen teilnahm. Einige schienen enttäuscht, dass sie die einschneidende Veränderung im Leben Sofies nicht von Sofie, sondern von Hanna erfahren hatten. Marie und Sofie schauten sich an. Sofies Augen schienen zu sagen: *„Marie, hilf mir!“* Marie kam dem stillen Hilferuf ihrer Freundin umgehend nach. Sie versuchte zu retten, was zu retten war, um Sofie und sich aus ihrer misslichen Lage zu befreien.

„Mädels, Sofie, ich habe euch auch noch eine Neuigkeit zu berichten! Sofie, zu meiner Entschuldigung, dir habe ich es heute noch nicht erzählen können, da ich es erst heute Nachmittag erfahren habe. Könnt ihr euch noch an den Überfall Anfang März in unserer Solariumfiliale am Stadtrand erinnern? Stand auch in den Zeitungen."

„Na klar kann ich das, mir sitzt der Schreck immer noch in den Gliedern. Seither schaue ich dreimal hin, wer den Laden betritt." Sofie schnaufte aufgeregt.

„Ganz ruhig, ganz ruhig!" Marion strich über Sofies rechten Arm.

„Na, dann wirst du nun sehr erleichtert sein!", erzählte Marie weiter.

„Stellt euch mal vor, der bewaffnete Überfall damals war gar kein Überfall! Wie jetzt herauskam, hat unsere Kollegin seinerzeit selbst in die Kasse gegriffen."

„So eine Schweinerei! Wie kam das heraus?" Sofie horchte auf.

„Keine Ahnung. Unser Chef hat nur gesagt, dass es kein Überfall war und dass Claudia damals selbst in die Kasse gegriffen hat."

„Habt ihr keine Überwachungskameras in euren Läden?", fragte Marion.

„Überwachungskameras – du bist gut! Attrappen hängen bei uns! Unser Chef muss Geld sparen! Er hatte schon ein Riesenproblem, als er den Mindestlohn bei uns einführen musste. Dieser führt ihn nun angeblich an den Rand des Ruins!" Marie lachte und schüttelte den Kopf.

„Krass", sagte Ina.

„Ja, stellt euch vor, jetzt kann er statt eines Ferraris California T Cabriolet nur noch einen Porsche 911 Carrera 4S Cabriolet fahren. Der Ärmste! Mädels, eine Runde Mitleid für Sofies und meinen Chef bitte!" Maries Freundinnen kamen der Aufforderung nach und raunten ein langes „Ohhhhhhh!"

Nach einer kurzen Pause meldete sich Hanna zu Wort.

„Ich hab auch noch eine Neuigkeit! Vielleicht nicht ganz so spannend wie Maries, aber dennoch sehr interessant! Wetten, das …? Angela hat einen Nebenjob. Stellt euch vor, sie verkauft als freiberufliche Beraterin Unterwäsche."

„Sie verkauft Unterwäsche?" Britts Interesse war geweckt.

Hanna musste lachen.

„Ja, Angela gibt Dessous-Partys. Unter dem Motto *Ladys Night* veranstaltet sie außergewöhnliche Unterwäschepartys für Frauen bei Frauen, die jede Menge Spaß machen sollen. Angela sagte mir, dass es für die Gastgeberinnen zehn Prozent vom Gesamtumsatz in Materialien geben soll."

„Na, wer es nötig hat!", fauchte Ina.

„Komm, nun sei mal nicht so prüde! Ich finde es eine ausgesprochen gute Idee, Unterwäsche nicht in einem Geschäft auszusuchen und in einer kleinen Kabine mit schlechtem Licht anzuprobieren, sondern in netter Umgebung. Als ob du für die eine oder andere Gelegenheit keine neue Unterwäsche gebrauchen könntest! Ich kann mir gut vorstellen, dass dir dein Yogalatein beim Einkauf von schicker Unterwäsche dann und wann auch mal ausgeht! Da kann doch der eine oder andere Vorschlag und eine fachlich gute Beratung in netter Runde durchaus neuen Schwung in den Kleiderschrank bringen. Also, wenn ihr mich fragt, ich finde die Partyidee großartig! Wisst ihr was? Ich werde eine solche Party bei uns zu Hause geben und rechne fest mit jedem von euch. Vielleicht gibt es ja von Angela ein kleines Willkommensgeschenk für jede Besucherin – wer weiß? Lasst uns Angela bei ihrem Start in die Selbstständigkeit unterstützen!" Marie strahlte ihre Mädels gewinnend an.

„Kommt, seid keine Spielverderberinnen! Zückt euren Terminkalender und lasst uns nach einem Datum suchen. Na, was meint ihr?"

Trotz einiger Einwände kamen alle Frauen Maries Aufforderung nach. Gemeinsam fanden sie einen Termin, an dem sie sich auf der *Ladys Night* neue Ideen für ihren Kleiderschrank holen wollten. Man einigte sich auf einen Termin Anfang Dezember.

Die kuriosesten Gesetze gegen Frauen weltweit

„Wo wir nun einen passenden Termin für die Party gefunden haben, wartet bitte mal kurz!“ Marion zückte ihr Smartphone und machte sich auf die Suche nach einer erst einen Tag zuvor heruntergeladenen App.

„Ich verfüge zwar nicht über euer Wissensspektrum, weiß jedoch, wo ich nachzusehen habe, um euch zu imponieren!“

Geschickt ließ Marion ihre Finger über das Smartphone gleiten.

„Gefunden! So, Mädels, nun passt mal auf! Ich habe tatsächlich beim Stöbern in einem App Store eine App gefunden, die ich sofort auf mein Smartphone heruntergeladen habe. In dieser werden doch tatsächlich die kuriosesten Gesetze der Welt gegen uns Frauen aufgeführt. Ich wusste doch, dass ich diese noch einmal gut gebrauchen könnte!“ Marion öffnete sie und las den interessierten Freundinnen laut daraus vor.

„Meine Lieben! Wusstet ihr,

… dass in **Arkansas/USA** ein Mann dem Gesetz nach seine Frau schlagen darf?

… dass in **Carrizoro/New Mexico** es Frauen verboten ist, sich unrasiert in der Öffentlichkeit sehen zu lassen? Das Verbot gilt für Gesicht und Beine.

… dass in **Cleveland/Ohio** Frauen keine Lackschuhe tragen dürfen? Die Männer könnten in den Lackschuhen die Reflexion von etwas sehen, was sie nicht sehen sollten.

… dass **Dyersburg/Tennessee** über eine Verordnung verfügt, welche den Frauen untersagt, einen Mann zwecks eines Dates anzurufen?

… dass in **Florida/USA** Frauen, die unter einer Trockenhaube eingeschlafen sind, mit einer Geldstrafe belegt werden können? Alternativ kann die Strafe aber auch den Besitzer des Frisiersalons treffen. Man mag es glauben oder nicht … es gibt ein spezielles Gesetz in Florida, welches weiblichen Singles und geschiedenen oder verwitweten Frauen verbietet, an einem Sonntag einen Fallschirmsprung zu machen – auch wenn die Freiheit gefühlt grenzenlos ist. Unverheirateten Frauen, welche dennoch springen, droht eine Geldstrafe und/oder Gefängnis. Des Weiteren ist es der Frau in Florida verboten, zwei Drittel des Pos am Strand zu zeigen. Tut sie es trotzdem, droht ihr eine saftige Geldstrafe in Höhe von fünfhundert Dollar oder sogar Gefängnis.

… dass es in **London/Großbritannien** illegal ist, seine Ehefrau nach einundzwanzig Uhr zu schlagen? Dieses Gesetz soll dazu beitragen, die hohe Zahl der nächtlichen Ruhestörungen in London zu verringern. Auch ist es Frauen verboten, in öffentlichen Verkehrsmitteln Schokolade zu essen.

… dass es in **Guernee/Lake County, Illinois** ein Gesetz gibt, das Frauen mit mehr als einhundert Kilogramm Körpergewicht verbietet, in Shorts auf Pferden zu reiten?

… dass es in **Helena/Montana** ein Gesetz gibt, das Frauen verbietet, in einem Saloon oder in einer Bar auf einem Tisch zu tanzen, wenn sie nicht mindestens drei Pfund und zwei Unzen Kleidung tragen?

… dass es in **Illinois/USA** ein Gesetz gibt, … das besagt, dass alle weiblichen Singles alle männlichen Singles mit *Meister* anzureden haben?

… dass in **Indonesien,** dem weltweit größten Inselstaat Südostasiens, Frauen, die in die Armee eintreten wollen, sich zuvor einem Jungfräulichkeitstest unterziehen müssen?

… dass nach **kalifornischem** Recht Frauen, die mit einem Bade- oder Morgenmantel bekleidet sind, kein Auto fahren dürfen?

… dass in **Kentucky/USA** keine Frau in einem Badeanzug oder Bikini bekleidet einen Highway betreten darf, wenn sie nicht von mindestens zwei Polizisten eskortiert wird oder sich mit einem Knüppel bewaffnet hat?

Dieses Gesetz tritt außer Kraft, wenn die Frau entweder weniger als fünfundvierzig Kilogramm oder mehr als einhundert Kilogramm wiegt.

… dass Frauen in **Litauen** gesetzlich verpflichtet waren, sich vor der Führerscheinprüfung gynäkologisch untersuchen zu lassen?

Dieses Gesetz wurde eingeführt, da nach Meinung litauischer Mediziner bestimmte Frauenbeschwerden zu plötzlichen Ohnmachtsanfällen führen können. Bis 2002 gab es tatsächlich einen entsprechenden Gesetzespassus. Inzwischen wurde dieser aber wieder gestrichen.

… dass in **Los Angeles/Kalifornien** jeder Mann seine Frau mit einem Lederriemen schlagen darf? Vorausgesetzt, der Riemen ist nicht breiter als fünf Komma acht Zentimeter.

Benutzt er einen breiteren Riemen, bedarf es der vorherigen Erlaubnis seiner Ehefrau.

… dass es in **Merryville/Louisiana** den Frauen strengstens verboten ist, ein Korsett zu tragen? Zur Begründung: Das Privileg, einen kurvenreichen und durch nichts eingeengten Körper einer Frau bewundern zu dürfen, darf dem normalen amerikanischen Mann nicht verweigert werden.

… dass sich in **Memphis/Tennessee** die Stadtväter offensichtlich gedacht haben: *Frau am Steuer, Ungeheuer?* Frauen dürfen in Memphis einem Gesetz zufolge nur Auto fahren, wenn ein Mann vor dem Auto herläuft und zur Warnung von Fußgängern und anderen Autofahrern eine rote Fahne schwenkt.

… dass in **Michigan/USA** ein Gesetz festgelegt wurde, das besagt, dass das Haar einer Frau ihrem Ehemann gehört?

Nach Klärung der Eigentumsverhältnisse versteht es sich von selbst, dass sich in Michigan keine Frau ohne die Erlaubnis ihres Mannes die Haare schneiden lassen darf.

… dass in **Minnesota/USA** Frauen für dreißig Tage ins Gefängnis kommen können, wenn sie öffentlich als Weihnachtsmann verkleidet auftreten?

… dass es in **Mobile/Alabama** Frauen verboten ist, Schuhe mit hohen Absätzen zu tragen?

Die Stadt Mobile wurde einst von einer Frau, die mit ihren hohen Absätzen in einem Gully hängen blieb und sich beim darauffolgenden Sturz verletzte, auf Schadenersatz verklagt. Daraufhin wurde dieses Gesetz erlassen. Das Gesetz soll künftig die Stadt vor weiteren Schadenersatzklagen von Frauen mit hohen Absätzen schützen.

… dass in **Morrisville/Pennsylvania** eine Frau eine behördliche Genehmigung benötigt, wenn sie sich schminken will? Eine Genehmigung des Ehemannes reicht nicht aus!

… dass in **New York** die Verkehrsbehörde entschieden hat, dass auch Frauen *oben ohne* U-Bahn fahren dürfen?

Zur Begründung: Ein New Yorker Gesetz besagt, dass, wenn sich ein Mann mit freiem Oberkörper im New Yorker Raum zeigen darf, einer Frau dasselbe Recht zugestanden werden muss. Eine Gruppe von Frauen testete dieses Gesetzeswerk in einer New Yorker U-Bahn erfolgreich. Ein Polizeisprecher erklärte, dass die Polizei sich mit der Gesetzesregelung abfinden müsse. Sie werde aber eingreifen, sollte eine andere Regel verletzt werden, zum Beispiel, wenn eine Frau mit nacktem Oberkörper in der U-Bahn rauchen würde. Zur Begründung: Rauchen ist in New York in allen öffentlichen Verkehrsmitteln – ebenso in allen öffentlichen Gebäuden – verboten.

… dass in **Oklahoma/USA** Frauen an ihrem eigenen Haar keine Veränderungen vornehmen dürfen? Es sei denn, sie hat eine Lizenz des Staates.

… dass es in **Oxford/Ohio** den Frauen untersagt ist, sich vor einem Gemälde oder dem Foto eines Mannes auszuziehen?

… dass es auf **Paama Island/Malampa** einer Insel im Südwestpazifik mit rund zweitausend Einwohnern, den Frauen verboten ist Hosen zu tragen?

Dieses 2001 eingeführte Gesetz soll verhindern, dass die traditionellen Werte durch westliche Einflüsse unterwandert werden. Inselchef Frank Maki wies die Polizei der Insel an, die Einhaltung des Verbots streng zu überwachen.

… dass es in **Pennsylvania/USA** ein spezielles Reinigungsgesetz gibt, das Hausfrauen verbietet, Dreck und Staub unter den Teppich zu kehren?

… dass in **Racine/Wisconsin** Frauen sich nachts nur auf der Straße aufhalten dürfen, wenn sie von einem Mann begleitet werden?

… dass es in **Saco/Missouri** den Frauen gesetzlich verboten ist, Hüte zu tragen, die ängstlichen Wesen, zum Beispiel Kindern oder Tieren, Angst einjagen könnten?

… dass es auf **Sark** einer britischen Kanalinsel östlich von Guernsey, verboten war, Grundbesitz an Töchter zu vererben? Nur Söhne waren erbberechtigt.

Dieses Gesetz wurde 1999 von der Regierung der von circa sechshundert Menschen bewohnten Insel aufgehoben, um einer Klage vor dem Europäischen Gerichtshof zuvorzukommen. Außerdem ist es Ehemännern durch die Verfassung erlaubt, ihre Ehefrauen mit einem Stock zu schlagen, wenn der Stock nicht dicker ist als einen Fingerbreit und wenn während der Schläge kein Blut spritzt.

… dass in **Seattle/Washington** jede Frau automatisch für sechs Monate hinter Gitter kommt, wenn sie in einem Zug oder Bus auf dem Schoß eines Mannes sitzt, ohne zuvor ein Kissen zwischen sich und den Mann geschoben zu haben?

… dass es in **Siena/Italien** allen Frauen mit dem Vornamen *Maria* verboten ist, als Prostituierte zu arbeiten?

… dass es in **St. Louis/Missouri** der Feuerwehr verboten ist, eine Frau zu retten, wenn diese nur mit einem Morgenmantel bekleidet ist? Um gerettet zu werden, müssen Frauen vollständig bekleidet sein.

... dass es in **Tremonton/Utah** Frauen verboten ist, innerhalb der Stadtgrenzen in einem Krankenwagen Sex mit einem Mann zu haben? Wird sie trotz des Verbots dabei erwischt, kann sie eines Sexualvergehens angeklagt werden. Weiterhin muss ihr Name in der Tageszeitung veröffentlicht werden. Der Mann geht straffrei aus, sein Name wird nicht veröffentlicht.

... dass es den Frauen in der **Türkei** gesetzlich verboten ist, Hosen am Arbeitsplatz zu tragen?

... dass es in **Tucson/Arizona,** einer Stadt mit immerhin mehr als einer Million Einwohnern, den Frauen per Verordnung verboten ist, Unterhosen zu tragen?

... dass in **Vermont/USA** Frauen ohne schriftliche Erlaubnis ihres Mannes kein Gebiss tragen dürfen?

... dass in **Virginia/USA** mit einer Geldstrafe in Höhe von fünfhundert Dollar zu rechnen war, wenn man falsche Behauptungen über die Keuschheit einer Frau verbreitete? Ende 2001 wurde von zwei Abgeordneten des US-Staates Virginia erfolgreich ein Antrag auf Abschaffung des aus den zwanziger Jahren stammenden Keuschheitsgesetzes genehmigt.

... dass es in **Norfolk/Virginia** ein Gesetz gibt, das besagt, dass Frauen, die an einer Tanzveranstaltung teilnehmen, ein Korsett tragen müssen? Des Weiteren darf keine Frau das Haus verlassen, ohne ein Korsett zu tragen! Um die Einhaltung dieses Gesetzes zu garantieren, gab es in früheren Zeiten einen nur Männern vorbehaltenen Beamtenposten: den des Korsettinspektors.

… dass in **West Virginia** Ärzte und Zahnärzte Frauen nur betäuben dürfen, wenn eine dritte Person anwesend ist?"

Marion hatte gerade ihr letztes Anti-Frauen-Gesetz vorgetragen, da kam auch schon der Kellner zum dritten Mal mit sechs Sektflöten an ihren Tisch, und abermals stießen die Frauen – die alle schon leicht beschwipst waren – auf Britts Beförderung und auch auf Sofies bevorstehenden neuen Lebensabschnitt an.

Die Sonne hatte sich vor einiger Zeit mit einem wunderschönen Abendrot von ihnen verabschiedet. Nunmehr wurde ihnen kalt. Keine der Freundinnen hatte an eine Jacke gedacht, aber keine verspürte das Bedürfnis, die feuchtfröhliche Runde zu verlassen ... deshalb suchten sie sich einen Platz im Lokal. Sie hatten Glück. Zu später Stunde lichteten sich die sonst gut gefüllten Plätze mehr und mehr. Sie konnten sich einen Tisch aussuchen. Die sechs Frauen waren, bis auf ein verliebtes Pärchen am Nachbartisch, die letzten Gäste im Lokal. Die lustige Runde diskutierte noch über das eine oder andere Gesetz aus Marions Apps, als Sofie kurz vor Toresschluss noch eine abschließende Frage stellte.

„Bevor ich es vergesse, habt ihr schon von Frauke gehört? Die hat sich nun doch tatsächlich von ihrem alten Knochen getrennt. Endlich!"

„Wie jetzt? Was war der Anlass?", fragte Marion Sofie verwundert.

„Stell dir vor, Frauke wollte ihren Mann in seinem Büro überraschen …

Beim Eintritt in sein Büro lag er mit seiner Sekretärin auf dem Schreibtisch. Die beiden waren offensichtlich dabei, sich sehr konzentriert durch das Kamasutra zu arbeiten."

„Nein, ich dachte, so etwas kommt nur in diversen Fernseh- und Kinofilmen vor oder wird in dem einen oder anderen Roman verwurstet." Hanna schien einer Illusion beraubt.

„So, nun lasst uns mal wieder im Hier und Heute ankommen. Habt ihr gerade die Frau am Nachbartisch gesehen? Die dünne Blonde mit den riesigen Brüsten? Mein Gott, die Jüngste ist sie ja weiß Gott auch nicht mehr! Ich bin nicht prüde, doch finde ich, dass sich eine Frau ab einem gewissen Alter an einen Dresscode halten sollte. Kein Wunder, dass ihr Begleiter seine Blicke und Finger nicht von ihr lassen kann, wenn sie sich so freizügig gibt. Schade, eigentlich sieht sie ganz gut aus."

„Marion! Sprich gefälligst leiser, sonst hören sie dich noch!", zischte Ina.

Marion ließ Inas Einwand an sich abprallen und lästerte weiter.

„Na und? Egal! Dann muss sie sich anders anziehen und das, was eine Chirurgenhand an ihr vollbracht hat, nicht so offenherzig präsentieren! Wie dem auch sei, auf jeden Fall muss sie sich nicht wundern, wenn sie ihren Busen so zur Schau stellt, dass man ihn auch thematisiert!", beendete Marion ihre Lästerattacke.

Nun wollten alle sehen, ob sich ein Blick in Richtung Nachbartisch lohnte. Neugierig drehten sich die Frauen nach der erwähnten vollbusigen, offenherzigen, in die Jahre gekommenen Frau um.

„Ihr seid ja so oberflächlich und peinlich! Ich fasse es nicht! Wo steht denn geschrieben, dass eine Frau jenseits der 50 nicht mehr mit ihren Reizen spielen darf? Welches Gesetz besagt, dass sie ihre Weiblichkeit verstecken muss?"

„Meine liebe Ina, lehne dich nicht zu weit aus dem Fenster … auch du hast dich, wenn ich es richtig beobachtet habe, nach der Frau umgesehen!" Marion musste schmunzeln.

Der Fokus wurde, nachdem der Gesprächsstoff langsam ausging, wieder auf Sofies Einstieg in die renommierte Anwaltskanzlei und ihren unvermeidlichen Umzug nach Brüssel gelegt.

„Schon doof, dass du bald in Brüssel leben wirst. Ich gönne dir deinen Start in ein wunderbares, hoffentlich sehr erfülltes Leben natürlich von ganzem Herzen – jedoch bin ich sehr traurig, dass wir dich aus unserer Runde verlieren. Ich glaube, ich spreche für jede von uns – du wirst uns sehr fehlen!“ Britt hatte Tränen in den Augen.

„Sag einmal, was macht eigentlich Frank, wenn du nach Brüssel gehst? Geht er mit? Bleibt er hier?“, fragte Hanna interessiert.

„Ja, genau, wie wollt ihr das eigentlich hinbekommen?“, hakte Ina nach. Bis auf Marie schauten alle am Tisch Anwesenden Sofie interessiert an.

„Frank und ich werden zunächst eine Wochenendbeziehung führen. Seine Firma hat eine Niederlassung in Brüssel. Er hat schon mit der Geschäftsleitung gesprochen … wenn alles klappt, wie wir es uns vorstellen, werden wir uns nicht lange auf gemeinsame Wochenenden beschränken müssen. Ach Mädels, macht es mir doch nicht so schwer! Noch bin ich nicht weg! Brüssel liegt nicht am anderen Ende der Welt. Wir werden uns öfter sehen, als euch lieb ist! Außerdem leben wir im 21. Jahrhundert. Wir whatsAppen, facebooken, twittern und instagramen, was das Zeug hält!“ Sofie war gerührt von dem sichtbaren Trennungsschmerz ihrer Freundinnen.

Die sechs Frauen unterhielten sich noch lange angeregt, bis der Kellner sie höflich darauf aufmerksam machte, dass das Lokal geschlossen werden sollte. Aufgeschreckt sahen sich die Frauen in dem Lokal um – sie waren tatsächlich die letzten Gäste. Sie bezahlten ihre Rechnung, standen auf und verabschiedeten sich vor dem Lokal herzlich voneinander. Sodann brachen sie in alle Himmelsrichtungen auf und fielen zu Hause zufrieden in ihr gemachtes Bett.

Alle Jahre wieder

Marie war tief in ihr Fitnessprogramm und nicht weniger tief in einen Fernsehbericht über den *Internationalen Frauentag*, den sie via Monitor, der über ihrem Laufband hing, versunken, als ein Kollege ihres Mannes ganz lässig auf sie zuschlenderte.

„Hey Marie, du hier? Es ist Sonntagmittag … musst du nicht am Herd stehen und für deinen Mann das Essen zubereiten?“, grinste der Macho Marie frech an. *Was ist jetzt dein Problem?*, fragte Marie sich wütend. Ihr entglitten für einen kurzen Augenblick die Gesichtszüge. Beherrscht erwiderte sie dem Kollegen ihres Mannes:

„Michael, weißt du, was du dir bei mir schenken kannst?“

„Nein, woher soll ich das wissen?“

„Deine abgedroschenen Macho-Sprüche. Bisher war ich immer verwundert, dass ein so charismatischer und netter Mann keine Frau an seiner Seite hat. Der Jüngste bist du mit Mitte fünfzig ja auch nicht mehr. Nun, wo du mir soeben dein wahres Gesicht gezeigt hast, wundert es mich allerdings nicht mehr. Was hast du nur für ein verschrobenes Frauenbild!“, entgegnete Marie ihm lächelnd, wobei es sie einige Kraft kostete, ihre gute Kinderstube nicht zu vergessen.

Was gibt es doch für Idioten! Gestärkt werden diese Männer durch Frauen, die selbst im 21. Jahrhundert unsere sehr hart erkämpften Rechte und Freiheiten bereitwillig aufgeben … und wofür? Natürlich, um versorgt zu werden. Der finanziellen und materiellen Sicherheit wegen … einzig aus diesem Grund fallen unselbstständige Frauen in ein völlig überaltertes Rollenbild zurück. Traurig, traurig, traurig! Kein Wunder, dass wir Frauen immer noch einen Weltfrauentag und in der Arbeitswelt selbst in börsenorientierten Großunternehmen – bei der Vergabe der

Aufsichtsratsposten eine Frauenquote von mindestens dreißig Prozent benötigen, wenn es immer noch genug Machos auf der Erde gibt, die bei so mancher holden Weiblichkeit Unterschlupf gewährt bekommt. Diese Pfeifen würden mit Sicherheit keine freien Führungspositionen mit Frauen besetzen! Marie kochte vor Wut. Sie hatte sich jedoch trotz ihres feurigen Temperamentes gut im Griff und ließ sich nur wenig von ihrem großen Groll anmerken.

„Du, ich muss weitermachen … ohne Fleiß kein Preis. Weißt du, je eher ich meine Übungen fertig habe, umso eher steht bei uns leckeres Essen auf dem Tisch!“, sagte sie ironisch und lief auf dem Laufband weiter, als würde es kein Morgen geben. Sie würdigte den Kollegen ihres Mannes keines Blickes mehr. Interessiert verfolgte sie jedoch den Fernsehbericht auf dem über ihr hängenden Monitor.

„Der *Internationale Frauentag* oder *Weltfrauentag* oder *Frauentag*, oder wie auch immer er auf der Welt genannt wird ist ein Tag, der am *8. März* von Frauenorganisationen weltweit gefeiert wird. Alle Jahre wieder gehen viele Frauen an diesem Tag für ihre Rechte auf die Straße“, berichtete der Reporter. „Der Ursprung des Tages ist allerdings traurig! Am 8. März 1908 traten in New York Arbeiterinnen einer Textilfabrik in einen Streik, um auf ihre unzumutbaren Arbeitsbedingungen hinzuweisen. Der Frauenkampftag wurde ausgerufen. Leider nahm der Streik ein dramatisches Ende – Aufseher und Fabrikbesitzer schlossen die protestierenden Frauen in der Fabrik ein, um eine Solidarisierung mit anderen Gruppen zu verhindern. Ein Feuer brach in der Fabrik aus und 129 Frauen starben in den Flammen. Der Gedanke des Frauenkampftages wurde 1910 auf der Zweiten Internationalen Sozialistischen Frauenkonferenz in Kopenhagen aufgegriffen. Nach dem Beispiel der amerikanischen Arbeiterinnen beschlossen 98 Frauen aus 17

Nationen, künftig jährlich einen Frauentag mit internationalem Charakter abzuhalten. Der Tag sollte die Aufmerksamkeit einer breiten Öffentlichkeit auf die Forderungen der Sozialistinnen lenken und Orientierungen für den Kampf um die politischen Rechte der Frauen bieten. Dementsprechend war auch der Text eines Flugblatts zum ersten *Internationalen Frauentag* vom 19. März 1911 verfasst."

In der Reportage wurde erwähnt, dass der erste *Internationale Frauentag* in Europa am 19. März 1911 in Dänemark, Deutschland, Österreich-Ungarn und der Schweiz gefeiert wurde. Mit der Wahl des Datums sollte der revolutionäre Charakter des Frauentags hervorgehoben werden. In dem Fernsehbericht wurde sodann auf den spontanen Streik der New Yorker Textilarbeiterinnen eingegangen, der sich am 8. März 1857 in New York ereignet haben soll. Der Mythos dieses Streiks entstand laut Reportage vermutlich in den 1950er-Jahren in den französisch-kommunistischen Kreisen. Gezeigt wurde unter anderem auch ein Demonstrationszug anlässlich des *Internationalen Frauentags* in Davao City auf den Philippinen. Der 8. März war in Angola, Armenien, Aserbaidschan, Burkina Faso, Eritrea, Georgien, Guinea-Bissau, Kasachstan, Kambodscha, Kirgisistan, Laos, Madagaskar, Moldawien, in der Mongolei, in Nepal, Russland, Sambia, Serbien, Tadschikistan, Turkmenistan, Uganda, Usbekistan, Vietnam und Weißrussland ein gesetzlicher Feiertag. In der Volksrepublik China, so erfuhr Marie, war der Nachmittag an diesem Tag für Frauen arbeitsfrei. In der autonomen Region Kurdistan beschloss die Regierung im Jahr 2012, am 8. März einen *Tag des traditionellen kurdischen Kleides* als alternatives Angebot zum Frauentag zu veranstalten.

Was es alles gibt! Frauentag am 8. März … gehört habe ich von diesem Tag das erste Mal durch Sofie. Wie kam der Frauentag eigentlich zu uns nach Deutschland?, ging es Marie durch den Kopf, als die Reportage ihren Gedanken aufzugreifen schien.

Marie entnahm der Berichterstattung, dass Clara Zetkin den Frauentag, der von der US-Amerikanerin May Wood Simons in den USA initiiert wurde, nach Deutschland holte. Der erste ausgerufene Frauentag in den USA am 28. Februar 1909 war ein Erfolg. Auf der *Zweiten Internationalen Sozialistischen Frauenkonferenz* Ende August 1910 schlug Clara Zetkin gemeinsam mit Käte Duncker in Kopenhagen die Einführung eines *Internationalen Frauentages* vor, ohne jedoch ein bestimmtes Datum zu favorisieren. Clara Zetkin war seinerzeit eine einflussreiche leitende Redakteurin der sozialistischen Frauenzeitschrift *Die Gleichheit* und wurde zur Leitfigur der ersten Frauenbewegung – oder zumindest der proletarischen Frauenbewegung. Sie stellte in ihrer sozialistischen Emanzipationstheorie den Klassenkampf klar vor die Frauenfrage.

Alles schön und gut – doch wie sieht es heute in unserem vereinten Deutschland mit dem Frauentag aus?, sinnierte Marie. Als ob sie über telepathische Fähigkeiten verfügen würde, berichtete der Reporter:

„Durch die Wiedervereinigung der getrennten deutschen Staaten veränderte sich die Geschichte und die Aktionen zum *Internationalen Frauentag* noch einmal sehr. Nach einer Phase, in der das Begehen eines Feiertages der ehemaligen Deutschen Demokratischen Republik als nicht mehr zeitgemäß galt, regten sich 1993 das erste Mal wieder Frauengruppen in Ost- und Westdeutschland, um diesen Tag im Sinne der Einforderung der verlorenen Frauenrechte zu nutzen. Trotz kleinerer Versuche einiger SPD-Frauen, den Tag nicht am 8. März zu begehen, sondern wieder an das Modell der Frauenwoche aus der Weimarer Republik anzuknüpfen, setzte sich der 8. März durch. Vor allem 1994, zum sogenannten Frauenstreiktag, erlebte der *Internationale Frauentag* ein politisches Comeback.

Seitdem hat es in Deutschland vermehrt Veranstaltungen am 8. März gegeben – Demonstrationen für Frauenrechte, Vorträge und Feiern. Veranstaltet von Gewerkschaften, autonomen Frauengruppen, Frauenbeauftragten oder den Volkshochschulen. In den ostdeutschen Bundesländern wird der *Frauentag* im Arbeitsleben immer noch gefeiert wie einst in der Deutschen Demokratischen Republik. In dieser war es üblich, dass Chefs ihren weiblichen Mitarbeiterinnen eine Blume – meist eine Rose – zum *Frauentag* schenkten und ihnen zu diesem gratulierten. Heute wird der Brauch in Ostdeutschland fortgeführt. Der *Frauentag* hat somit den Untergang der DDR überlebt und ist fester Bestandteil der ostdeutschen Kultur."

Soso, ist er das wirklich? Marie musste lächeln. *Bisher war es mir gar nicht bewusst!*

Im Jahr 2010, so der Berichterstatter, habe sich Alice Schwarzer für eine komplette Streichung des Tages ausgesprochen. „Schaffen wir ihn endlich ab, diesen gönnerhaften 8. März, und machen wir aus dem einen *Frauentag* im Jahr 365 Tage für Menschen, Frauen wie Männer!", soll sie plädiert haben.

Wenn ich so darüber nachdenke, habe ich bisher tatsächlich wenig Gedanken an den 8. März verschwendet. War ich bisher zu desinteressiert, oder warum ist mir der Frauentag nicht gegenwärtig? Ich erinnere mich schwach, dass wir bei unserem letzten Frauentreffen den 8. März thematisiert haben – das heißt, Sofie hatte diesen Tag erwähnt. Doch wirklich interessiert hat mich dieser Tag nicht. Das wird sich nun, nachdem ich diesen sehr eindrucksvollen Bericht gesehen habe, definitiv ändern! Liebe Alice Schwarzer, ich bin ganz Ihrer Meinung! Schlimm genug, dass es einen solchen Tag überhaupt geben muss, um auf die Rechte der Frauen aufmerksam zu machen! Keiner hat jemals daran gedacht, einen Internationalen Männertag auszurufen … oder vielleicht doch? Gibt es eigentlich einen Internationalen Männertag?, ging Marie, während sie ihr Lauftempo erhöhte, durch den Kopf.

Was war das? Marie glaubte nicht richtig zu sehen! In ihrem Fitnessstudio trainierte eine Frau in einer Burka. *Das gibt es doch nicht! Wie ist DAS denn möglich? Dürfen in diesem Studio Vermummte trainieren? Dann kann ja jeder mit Sturmhaube ins Studio kommen!*, schoss ihr durch den Kopf. Die Burkaträgerin bemerkte Maries skeptische Blicke und beendete ihre Übungen. Dann kam sie auf Marie zu.

Was will die denn von mir? Marie sah sich Hilfe suchend nach einem Trainer um.

„Wir kennen uns aus dem Sonnenstudio. Können Sie sich an mich erinnern?“

„Na klar, ich erkenne Ihre Stimme. Sie sind doch die junge Frau, die konvertiert ist, weil sie die Blicke der Männer nicht ertragen konnte, oder? Ich habe Sie seit Ihrem Besuch in unserem Studio nicht wieder gesehen. Geht es Ihnen gut?“

„Leider nein! Doch ich möchte Sie nicht mit meinen Problemen belästigen“, sagte die exotische Schönheit und verließ die Trainingsfläche in Richtung Ausgang. Sie hinterließ eine aufgewühlte und perplexe Marie. *Es ist wohl so, wie Sebastian mal am Frühstückstisch sagte. Manche Entscheidungen wollen gut überlegt sein!*

Keine kommt ungeschoren davon

Marie und Sofie saßen in einem kleinen, aber feinen Restaurant an der Außenalster. Beide hatten einen männerfreien Abend, den sie sich in unregelmäßigen Abständen gönnten. Zu ihrem Glück waren die Strandkörbe noch nicht eingewintert, und so konnten sie die letzten Herbstsonnenstrahlen geschützt genießen. Während ihrer Treffen wurde, wie auf ihren monatlichen Zusammenkommen mit ihren weiteren Freundinnen auch, ausgiebig geredet.

Sie kamen auf Sebastians Freunde zu sprechen, und Sofie fing an zu lästern.

„Sebastians Freunde sind – so wie sie sich bisher in meiner Anwesenheit immer gegeben haben – durch die Bank weg alle ziemlich oberflächlich! Verstehe mich bitte nicht falsch, sie sind alle angesehene und gebildete Männer! Mit Sicherheit ist keiner von ihnen dumm. Ganz im Gegenteil! Ich unterstelle ihnen einfach eine gewisse Oberflächlichkeit. Sie haben in mir durch ihre derben Sprüche den Eindruck erweckt, dass sie bei Frauen lediglich an Äußerlichkeiten interessiert sind. Ihre Gedanken bewegen sich in ihrer Freizeit offensichtlich nur um Autos, Fußballergebnisse, Skat und Äußerlichkeiten beim weiblichen Geschlecht. Nun kommen wir zu den Frauen! Die Frauen dieser Runde haben, wie sie sich dargestellt haben, nur einen Gedanken – Kinder. Wenn sie bereits welche haben, drehen sich ihre Gespräche ums Windelwechseln, um den Kindergarten und um den Austausch von Koch- und Backrezepten. Sollten sie noch keine Kinder haben, ist ihr einziges Thema der Kinderwunsch, und auch diese Frauen fachsimpeln viel und gerne über ihre hausfraulichen Fähigkeiten. Marie, Hand aufs Herz, hast du schon jemals mit einer Frau von Sebastians Freunden über Politik, Weltgeschehnisse,

Emanzipation oder Gleichberechtigung und Partnerschaft auf Augenhöhe gesprochen?“

„Wenn Ina dich jetzt hören könnte, würde sie sicherlich über dein Schubladendenken die Nase rümpfen ... doch zurück zur Beantwortung deiner Frage ... nein, meine liebe Sofie, habe ich nicht. Doch dafür habe ich ja dich! Es kann ja nicht jede Frau auf Gleichberechtigung stehen! Komm, meine Liebe, seien wir tolerant! Leben und leben lassen! Die Ärmsten müssen uns ja auch nehmen, wie wir sind!“ Marie zwinkerte Sofie zu.

„Tja, du hast recht, im 21. Jahrhundert haben sie keine andere Wahl. Doch einige Jahrhunderte früher hätten sie uns beide bestimmt an den Pranger gestellt oder Schlimmeres! Wir mit unseren roten Haaren, unseren grünen Augen und der Eigenschaft, alles und jeden infrage zu stellen, wären gut als Hexen durchgegangen. Vielleicht hätten sie uns auf dem Scheiterhaufen verbrannt, oder wir wären auf dem Schafott gelandet und der Scharfrichter hätte mit seinem Hackebeilchen sein Amt verrichtet. Nach erfolgreicher Arbeit hätte er unseren abgeschlagenen Kopf der johlenden Menge gezeigt.“ Sofie schüttelte sich bei dem Gedanken.

„Da wirst du wohl recht haben! Was für ein Glück für uns beide! Nun werden lediglich unsere Männer für die Wahl ihrer Frauen bedauert!“ Marie lachte.

„Um vor gar nicht so langer Zeit an den Pranger gestellt zu werden, musstest du weder rothaarig sein noch grüne Augen haben noch eine eigene Meinung besitzen. Ich denke da an Vorfälle, die zwischen siebzig und achtzig Jahre zurückliegen.

Zu der Zeit musstest du lediglich einen Mann mit einer *falschen* Nationalität geliebt haben. 1935 richtete eine Zeitung nach der Verabschiedung der Nürnberger Rassengesetze unter dem Titel „Am Pranger“ eine eigene Rubrik ein, in der sie über sogenannte *artvergessene Frauen* – Frauen, die gegen das Verbot *sexueller Kontakte zu Ariern und Nichtariern* verstoßen hatten – berichteten. Um das Ganze visuell noch zu untermalen, veröffentlichte man Bilder von den Angeklagten – damit es noch einprägsamer wurde, auch noch mit einem entsprechenden Artikel über das Vergehen der jeweiligen Personen.

So stellte die SA schon im Sommer 1935, also noch vor der Verabschiedung der Rassengesetze, in Hamburg öffentlich zwei ‚*Rassenschänder*' zur Schau. Eine Frau und einen Mann. Verstärkt wurde deren Demütigung durch die Schilder, die sie tragen mussten. Das Schild der Frau hatte die Aufschrift: „*Ich bin am Ort das größte Schwein und lass mich nur mit … Juden ein.*" Das Plakat des Mannes variierte.

Mitte der 1930er-Jahre fand in einem Ort in Ostfriesland eine öffentliche Zurschaustellung von *Rassenschändern* statt. Angeprangert waren fünf jüdische und zwei deutsche Frauen. Ende 1940 wurden in einem Ort in Thüringen, ebenfalls unter dem Vorwurf der Rassenschande, ein polnischer Zwangsarbeiter und eine Einheimische im Stil einer mittelalterlichen Strafvollstreckung auf dem Marktplatz des Ortes an einen Schandpfahl gebunden. Stell dir vor, einige Tausend Menschen schauten interessiert zu! Wer nicht zuschaute, applaudierte oder grölte, schaute weg.

Ein Vierteljahr später ereilte das gleiche Schicksal eine 31-jährige Frau, ebenfalls in einem Ort in Thüringen. Die regionale Zeitung berichtete in markanten Worten über den Vorfall. Bezeichnend war, dass die Initiatoren mit dem Pranger neben dem gesetzlichen Urteil ein zweites „Rechtssystem" aufstellten und sie so ihr widerliches, sittenwidriges Handeln rechtfertigten. Beamte der Gestapo brachten die *Verbrecherin von Weimar* zum Marktplatz. Auf dem Dorfplatz hängte man ihr ein großes Schild mit der Aufschrift: „*Ich bin aus der Volksgemeinschaft ausgeschlossen*" um den Hals. Auf einem Lastwagen, für alle gut sichtbar, fand sodann die grausame Demütigung statt. Sie wurde nicht nur angeprangert, sondern auch noch kahl geschoren, nur weil sie sich mit einem Polen eingelassen hatte. Zu Beginn wies eine Lautsprecherübertragung auf diesen öffentlichen Akt hin. Anschließend wurde die Frau als Verbrecherin durch die Straßen der Stadt geführt. Später wurde sie wieder nach Weimar zurückgebracht, wo sie im Gefängnis sowohl ihrer Anklage als auch ihrer Verurteilung entgegensah. Ich vermute, sie landete nach ihrer Urteilsverkündung im Konzentrationslager Buchenwald.

Nach dem Zweiten Weltkrieg ereilte das Schicksal öffentlicher Anprangerung vor allem französische, belgische, holländische und norwegische Frauen, die sich mit einem deutschen Besatzer eingelassen hatten.

Es war nach Kriegsende, als ganz Norwegen seine deutsche Befreiung und die Kapitulation der deutschen Besatzer feierte. In den Schaufenstern der Geschäfte hingen Schilder, auf denen geschrieben stand: „*Geschlossen wegen Freude*". Auf den Straßen wurde getanzt, und von den Kirchtürmen läuteten die Glocken. Gleichzeitig wurde überall im Land Jagd auf die *tyskertøs*, auf die *Deutschenmädchen* gemacht, jene Norwegerinnen, die mit dem Feind angebandelt hatten. Sie wurden meist auf offener Straße abgestraft. Den gefangen genommenen Frauen wurden öffentlich die Haare abrasiert!

Ein Dreivierteljahr vorher waren in Frankreich Tausende von Frauen auf ähnliche Weise an den Pranger gestellt worden. In der Erinnerung vieler Franzosen ist die *Libération* im heißen August 1944 untrennbar mit den kahl geschorenen Köpfen jener Frauen verbunden, die sich mit einem *boche* eingelassen hatten.

Nach über fünfzig Jahren wurde endlich mit der Aufarbeitung dieses grausamen Teils der Geschichte begonnen. Jahrzehntelang wurde in der französischen Öffentlichkeit – ähnlich wie in allen von der Wehrmacht besetzten Teilen Europas – von allen Beteiligten, auch von den Vergewaltigern und den Opfern, zu diesem Teil der Geschichte geschwiegen. Das Thema wurde jahrzehntelang konsequent tabuisiert. In einigen Teilen Osteuropas hält dieses Schweigen leider immer noch an. In den 1990er-Jahren setzte in Frankreich eine inzwischen landesweite Aufarbeitung dieses Teils der geschichtlichen Vergangenheit ein. Der damalige französische Außenminister Bernard Kouchner bemühte sich auf diplomatischer Ebene in Berlin erfolgreich darum, den inzwischen alt gewordenen *enfants de boches* – den *Deutschenkindern* – Anerkennung widerfahren zu lassen. Sie können jetzt auf Antrag die deutsche Staatsangehörigkeit und damit eine doppelte Staatsbürgerschaft erhalten.

Entscheidend für die Übergriffe an den Frauen war seinerzeit die Nähe zum Besatzer. Dabei sei es in erster Linie nicht um sexuelle Kontakte mit den Deutschen gegangen. Nein, tatsächlich soll es genügt haben, bei einem Deutschen als Büroangestellte, Haushaltshilfe, Köchin oder Wäscherin sowie im Hotel- und Gaststättengewerbe oder im Gesundheitsdienst von Deutschen tätig gewesen zu sein, um sich dem Verdacht der *Germanisierung* ausgesetzt zu haben.

Dahinter habe das in der *Libération* nach dem Juni 1944 zum Zuge kommende Wiederaufleben und Verherrlichen *männlicher Werte* und *männlicher Ordnung* gestanden. Besonders problematisch war die Situation für Frauen, die tatsächlich ein Verhältnis mit einem Deutschen hatten, oder wenn aus dieser Beziehung Kinder das Licht der Welt erblickten.

Der französische Politologe, Autor und Journalist Jean-Paul Picaper schätzt die Zahl der Kinder aus diesen Beziehungen auf zweihunderttausend. Die Kinder waren ebenso geächtet wie ihre Mütter und galten als verdammte Kinder. Für Jean-Paul Picaper zeigt sich in diesen Vorgängen, dass in Krisenzeiten eine Frau ihre erotische Selbstbestimmung verliert und ihr Körper Nationaleigentum wird. Wählte sie einen *falschen* Sexualpartner, wurde nach der Befreiung der Besatzungsmacht der Körper der Frau behandelt, als handle es sich um Gemeinschaftseigentum. Es wurde sodann grausame Rache an den Frauen genommen. Diese Rache hätte einen frühgeschichtlichen Ursprung und zeige sich im Verlauf der Geschichte in entsprechenden Situationen immer wieder. Sie sei mit Samson auch biblisch überliefert, der mit dem Verlust seiner Haare auch seine Individualkraft verloren habe.

Das Scheren der französischen Frauen, so sagt Picaper, habe sie aus der nationalen Gemeinschaft ausgestoßen. Es sollte sie aus der bürgerlichen Gesellschaft vertreiben und sie *entweiblichen*. Somit konnten die von ihnen geborenen Kinder nur als *verflucht* gelten. Eigentlich hätten die Frauen nur Kinder von französischen Männern gebären dürfen und sollten jetzt nie mehr gebären.

Ganz ähnlich erging es den Kindern deutscher Soldaten in Norwegen und Dänemark. Ihre Mütter teilten ein ähnliches Schicksal. Auch hier wurden die Frauen einem öffentlichen „Schauspiel", das oft Festcharakter hatte, ausgesetzt. Die Frauen konnten nach dem Scheren der Haare zusätzlich beschmiert, entkleidet und auf der Straße von der Menge verhöhnt werden."

„Wie unsagbar grausam! Sag einmal, wo hast du denn dieses Wissen her? So etwas lernt man doch weder in der Schule noch im Studium."

„Meine Mutter hat sich für dieses Thema sehr interessiert – bei mir ist von ihren gruseligen Geschichten eine Menge hängen geblieben."

„Warum interessierte sich deine Mutter für diesen unschönen geschichtlichen Abschnitt?"

„Keine Ahnung!"

„Mensch, Marie, dazu fällt mir noch etwas ein, das ich irgendwo mal aufgeschnappt habe – ob es stimmt, weiß ich allerdings nicht. In der Nachkriegszeit ab Herbst 1945 sollen Frauen, die alleine in den Grenzgebieten gewohnt haben, zu Freiwild erklärt worden sein. Ich glaube, nicht nur in Grenzgebieten! Die Ärmsten mussten zum Beispiel nachts die Türen ihrer Häuser und Wohnungen offen stehen lassen, um den Alliierten zu Diensten zu sein. Auch soll es damals zu vielen Massenvergewaltigungen gekommen sein. Frauen und Mädchen wurden reihenweise vergewaltigt, gequält und geschändet. Nicht wenige Frauen und Mädchen wurden nach den sexuellen Übergriffen wie Vieh abgeschlachtet. Von denen, die nicht ermordet wurden, sollen viele an den Qualen, die ihnen zugefügt worden sind, gestorben sein. Alle wussten davon – doch keiner hatte den Mut, einzugreifen! Die Würde der Frau war damals überhaupt nichts wert!

„Hilfe, Sofie, wenn das wirklich stimmt, ist das bestialisch! Barbarisch! Ich mag mir das gar nicht vorstellen! Was für ein kompletter Wahnsinn!"

„Marie, vergiss niemals: Kriege werden von Männern geführt. Männer benötigen in Krisenzeiten Stressabbau! Wo finden sie diesen? Beim Vögeln!"

„Das bedeutet?"

„Bist du nicht willig, so brauch ich Gewalt! Vergewaltigung!"

„Wie frauenverachtend! Wir Frauen sind dem so hilflos ausgesetzt! Sofie, bitte lass uns schnell das Thema wechseln, ich bekomme tatsächlich Gänsehaut!" Marie zeigte Sofie die aufgerichteten Härchen auf ihren Armen.

„Gerne!" Sofie wechselte das Thema.

„Schau dich bitte einmal um, was fällt dir auf?"

Marie sah sich um. „Nichts."

„Schau doch mal genauer hin! Wie genial ist es bitte, dass heutzutage Multikultibeziehungen nicht mehr verwerflich sind

– mehr noch, sie sind selbstverständlich! Selbst wenn aus diesen Beziehungen ein Kind entspringt, ist das heutzutage kein Problem mehr. Ganz im Gegenteil! Es ist nichts Ungewöhnliches mehr, dass es Partnerschaften aus den unterschiedlichsten Ländern gibt. Ich bin froh und dankbar, dass wir nun im 21. Jahrhundert angekommen sind. Selbst wenn noch immer nicht alles perfekt ist und es immer noch Länder auf unserem Globus gibt, in denen Frauen wenige bis keine Rechte haben, in denen Mischbeziehungen aus kulturellen und religiösen Gründen nach wie vor nicht gern gesehen oder gar verboten sind. Wir Frauen können auf vielen Kontinenten unserer Erde ungestraft Entscheidungen über unser Leben treffen. Wir müssen uns schon lange nicht mehr alles gefallen lassen. Ein Hoch den Blaustrümpfen, den Suffragetten, den vielen Frauenrechtlerinnen, Amazonen, Feministinnen und Emanzen! Vielen dieser mutigen Frauen haben wir unsere heutigen Freiheiten und Rechte zu verdanken. Wie wir wissen, gibt es allerdings in vielen Ländern der Erde noch einige Ungerechtigkeiten gegenüber unserem Geschlecht. Es gibt im Bereich Frauenrechte, Emanzipation und Aufklärung weltweit noch einiges zu tun!

Aber bleiben wir doch ruhig in unserem Land. Auch bei uns in Deutschland ist die Frau noch nicht auf allen Ebenen und allen Etagen angekommen. Sicherlich ist das im Vergleich zu dem einen oder anderen frauenfeindlichen Land jedoch Jammern auf hohem Niveau! Wir haben in Deutschland mittlerweile in Bezug auf Rechte und Anerkennung der Frau viel erreicht, und doch gibt es weiterhin noch einigen Nachbesserungsbedarf, vor allem in den Führungsebenen. Schau, laut dem Bundesministerium für Familie, Senioren, Frauen und Jugend sind derzeit nur ungefähr 27 Prozent der Führungspositionen in der Privatwirtschaft mit Frauen besetzt. Damit liegt Deutschland im europäischen Vergleich weit unter dem Durchschnitt. 2010 waren in den zweihundert größten Unternehmen gerade einmal eben über zehn Prozent der Aufsichtsratspositionen und nur eben über drei Prozent der Vorstandspositionen mit Frauen besetzt. Wenn eine arbeitende Frau ein Kind zur Welt bringt, bedeutet dies heute nicht mehr – wie leider viel zu häufig noch in den 1950er- und 1960er-Jahren – ein berufliches Karriereende und eine Karriere als Hausfrau. In den vergangenen Jahren hat sich in vielen Ländern Europas viel getan. Überall in Europa gibt es über den Mutterschutz hinaus Regelungen, die es den Eltern erleichtern, ihr bestehendes Arbeitsverhältnis aufrechtzuerhalten und gleichzeitig ihr Kind zu versorgen. Der Anspruch auf Mutterschutz und Elternzeit wurde in den vergangenen Jahren systematisch erhöht. Mittlerweile kann die Elternzeit ebenso vom Mann genommen werden beziehungsweise kann der Erziehungsurlaub auf beide Elternteile aufgeteilt werden. Dabei werden mehr Anreize für Väter geschaffen, sich an der Versorgung ihrer Kinder zu beteiligen. So wurde zum Beispiel in skandinavischen Ländern wie Dänemark, Schweden, Norwegen und Finnland ein zusätzlicher Vaterschaftsurlaub eingeführt.

Bauchschmerzen bereitet mir, dass wir im Moment bei uns in Deutschland, ach, was sage ich, weltweit immer noch eine deutliche Unterrepräsentation von Frauen in der Politik verzeichnen. Klar übernahm Heide Simonis 1993 die Amtsgeschäfte in Schleswig-Holstein als Ministerpräsidentin. Angela Merkel wurde im November 2005 die erste Bundeskanzlerin in Deutschland. Mittlerweile ist sie weltweit „Everybody's Darling". Seit Mitte Dezember 2013 haben wir auch noch eine Verteidigungsministerin! Ursula von der Leyen ist in eine Männerdomäne eingedrungen. Viele Missstände schlummern allerdings immer noch in unserer Gesellschaft, ohne dass wir uns dessen bewusst sind, zum Beispiel schlechtere Bezahlung von

Frauen in denselben Positionen wie Männer, zu wenige Frauen in Führungspositionen und die wieder aktuelle Diskussion um die gesetzliche Frauenquote in der Privatwirtschaft. Wenn man bedenkt, dass die Frauenquote bereits seit den 1980er-Jahren als wesentliches Instrument der Personalpolitik verstanden wird, sind Frauen leider auch im 21. Jahrhundert bei der Vergabe politischer Ämter und von Führungspositionen, auch im öffentlichen Dienst, deutlich benachteiligt. Weißt du auch, woher das kommt? Das kommt daher, dass auch heutzutage die Begriffe „Frauenrecht“ und „Frauenquote“ meistens als vom Feminismus oder von der Frauenbewegung geprägte Begriffe angesehen werden. Viele Männer haben immer noch Angst vor den *Emanzen*. Sie wehren sich mit Händen und Füßen gegen die Quotenregelung, und der bisherige Misserfolg bei der Umsetzung gibt ihnen sogar recht. Doch eines ist sicher: Wir Frauen wurden und werden einzig aufgrund unseres *falschen* Geschlechts diskriminiert. Es ist schon einiges erreicht … leider ist es meiner Meinung nach trotz aller Erfolge nur ein Tropfen auf den heißen Stein. Manch alter Zopf lässt sich nicht so leicht abschneiden. Aber ich bin zuversichtlich! Rom wurde auch nicht an einem Tag erbaut! Wie gesagt, meine liebe Marie, ich persönlich schaue optimistisch in unsere Zukunft und sage: Lasst das mal die Frauen machen!“

„Du bist mir vielleicht ein Schnackfisch – doch dafür und für noch vieles, vieles mehr habe ich dich lieb. Ich liebe dich wie eine Schwester, die ich nie hatte. Du bist schon eine ganz besonders tolle Frau. So … und nun heißt es endlich Futter fassen!“

Marie nahm die Speisekarte von der Kellnerin entgegen und schob Sofie eine Karte vom Nachbartisch zu.

Fazit

Marie, Sofie, Ina, Marion, Hanna und Britt haben mit ihren Diskussionen einen Einblick in die geschichtliche Entwicklung der Frauenbewegung und der weltweiten Stellung der Frau gegeben. Sie haben auf den Punkt gebracht, dass die Emanzipation etwas Wunderbares ist und Frauen sich mittlerweile auf dem Vormarsch befinden!

Schulbildung, Wahlrecht, das Recht auf Arbeit, das Recht der Frau auf Sozialleistungen und so weiter waren viele Jahrhunderte lang nicht etwas Selbstverständliches! Was viele Menschen vergessen oder auch nur verdrängt haben, ist, dass auch bei uns in Deutschland bis weit in die 1950er-Jahre der Mann im Haus der Alleinherrscher war. Die damalige Sicht ist auch in den Werbeslogans der Print- und Fernsehwerbungen der 1950er- und 1960er-Jahre klar zu erkennen. Der Mann war der Ernährer, die Frau war *nur* Haushälterin und Mutter. Sie war es, die ihrem Mann in allen Belangen immer zu Diensten sein musste. Der Frau wurde in vielen damaligen Zeitungs- und Fernsehwerbeslogans unterstellt, ungebildet und allein nicht lebensfähig zu sein! Durch die damalige Denkweise in der Gesellschaft ist wohl auch das oft devote Verhalten bei Frauen der 1920er-, 1930er-, 1940er-Jahrgänge zu erklären. Erst durch einen Wertewandel in den späten 1960ern brach die starre Haltung auf und die Frauen konnten sich mehr Anerkennung, Respekt und Rechte sichern. Doch bei aller Emanzipation ist die Frau gesellschaftlich immer noch nicht ganz auf gleicher Augenhöhe mit dem Mann, auch wenn sie inzwischen viele Rechte und Freiheiten hat. Die Arbeitswelt benötigt immer noch eine Frauenquote. Seit Januar 2016 hat diese nun endlich auch in den obersten Führungsetagen Einzug gehalten!

Ein männliches Mitglied im Hauptvorstand des Bundesverbands der Deutschen Industrie steht der Quote eher kritisch gegenüber. Allerdings sieht die Präsidentin der Initiative *Frauen in die Aufsichtsräte* die Frauenquote in den Führungsebenen ganz anders! Sie sagte zu diesem Thema: „Es gibt spürbare Fortschritte."

Nicht weniger wichtig als die 30-Prozent-Quote sind die anvisierten Vorgaben für die circa 3.500 großen deutschen Konzerne, die sich die Zielgrößen ihres Frauenanteils in den Vorständen, Aufsichtsräten und sonstigen Führungsetagen eigenverantwortlich auferlegen. Leider kommt die Zielsetzung hier bisher nur schleppend voran. Trauriger Fakt ist, dass die derzeit dreißig Dax-Unternehmen in Deutschland im Durchschnitt lediglich nur sieben bis acht Prozent ihrer Arbeitsplätze mit Frauen besetzt haben! Das ab Januar 2016 in Kraft getretene Gesetz sagt aus, dass mindestens 30 Prozent der Arbeitsplätze in einem Unternehmen mit Frauen zu besetzen sind. Allerdings greift diese Regelung erst, wenn die alten Verträge auslaufen – was noch bis zu fünf Jahre dauern kann! Erreicht ein Unternehmen das Ziel nicht, bleibt der eine oder andere Posten unbesetzt. Tatsächlich gibt es nämlich für eine nicht erreichte Frauenquote keine Sanktion!

Eine ausgewogene Repräsentation von Frauen und Männern in den Spitzengremien der deutschen Wirtschaft bleibt laut Managerinnen-Barometer 2016 in weiter Ferne: Forscherinnen analysierten rund 500 Unternehmen. Das Ergebnis war Folgendes: In 200 der umsatzstärksten Unternehmen lag der Frauenanteil im Vorstand zum Jahresende 2015 bei rund sechs Prozent – dies entspricht einem Anstieg von weniger als einem Prozentpunkt gegenüber 2014. Die Aufsichtsratsposten waren immerhin zu fast 20 Prozent mit Frauen besetzt. Geht das Wachstum im bisherigen Tempo weiter, dauert es in den Top-200-Unternehmen laut DIW-Berechnungen noch ganze

86 Jahre, bis sich in den Vorständen der Frauenanteil mit dem Männeranteil die Waage hält. In den Aufsichtsräten wäre die Hürde aber immerhin schon in 25 Jahren geschafft.

Eine traurige Realität ist auch, dass berufstätige Frauen oft nach wie vor eine Doppelrolle zu meistern haben! Um nur ein Beispiel zu nennen: Wenn eine Frau im 21. Jahrhundert in Vollzeit berufstätig ist, obliegen ihr laut Medienberichten trotzdem oft rund 70 Prozent des Haushalts zusätzlich zum Job.

Wunderbar hingegen ist es, dass sich viele Männer bei der Familienplanung und Betreuung der Kinder einbringen – ein Fakt, der noch vor rund dreißig Jahren in Deutschland völlig undenkbar gewesen wäre. Es ist fantastisch, dass sich in den zurückliegenden fünfzig Jahren im Frauenrecht durch die Frauenbewegungen mehr getan hat als in den zurückliegenden Jahrhunderten! Doch eines ist zu bedenken: Die nunmehr geltenden Rechte der Frauen in Europa und hoffentlich auch bald weltweit, sollten niemals als selbstverständlich erachtet werden. Es ist den kämpferischen Frauen wie zum Beispiel Jeanne d'Arc, Olympe de Gouges, Emmeline Pankhurst, ihrer Tochter Christabel Pankhurst, Hildegard Wegscheider, Gertrud Bäumer, Helene Lange, Beate Uhse und Alice Schwarzer zu verdanken, dass wir heute so viele Rechte haben!

Recherche

Stellung und Rechte der Frau

Im antiken Griechenland waren verheiratete Frauen vor allem im Haushalt tätig. Viele Liebesdienerinnen waren gebildet und genossen soziale Anerkennung.

Sparta zum Beispiel gestand den Frauen kein Bürgerrecht zu – jedoch hatten Frauen das Verfügungsrecht über ihr eigenes Geld. In der spätgriechischen Geschichte wurde die Gleichstellung sowohl bezüglich der Bildung als auch in verschiedenen Berufen, zum Beispiel bei Schauspielerinnen, Sängerinnen, Ärztinnen, Dichterinnen und Sportlerinnen, erreicht.

Die Frau im antiken Rom war vom Mann abhängig und nahm nicht am gesellschaftlichen Leben teil. Sie hatte jedoch als Vorsteherin des Haushalts und als Hausherrin ein gewisses Ansehen. Der Ehe im Römischen Reich lag rechtlich die uneingeschränkte Verfügungsgewalt des männlichen Familienoberhauptes zugrunde. In der römischen Religion nahmen Vestalinnen – Priesterinnen der Göttin Vesta, die allerdings ehelos bleiben mussten – eine geachtete Stellung ein.

In der späten Kaiserzeit und gegen Ende des Römischen Reiches wuchsen die Rechte der Frauen. Sie konnten sich fortan selbst einen geeigneten Heiratskandidaten aussuchen und sich gegebenenfalls auch von diesem wieder scheiden lassen. Auch konnten sie Einfluss auf das politische Leben ausüben.

In der Zeit vor der Aufklärung sind einige Gesetzeswerke interessant, in denen Frauenrechte garantiert waren. Ein Gesetz zum Schutz der Frauen gab es zum Beispiel im Heiligen Römischen Reich – unter der Herrschaft des Kaisers Friedrich II. wurde den Witwen und Waisen soziale Hilfe zugesichert.

Von der Aufklärung bis ins 21. Jahrhundert war es ein weiter

Weg! Im Zeitalter der Aufklärung – etwa ab dem 18. Jahrhundert – setzten sich einige Freidenker auch für die Frauenrechte ein. Zum Beispiel der französische Philosoph, Mathematiker und Politiker Marie Jean Antoine Nicolas Caritat, Marquis de Condorcet in Frankreich. Er warb vehement für das freie Wahlrecht der Frauen. Zahlreiche Frauen – zum Beispiel Caroline Schelling, die zu den *Universitätsmamsellen* zählte – nahmen sich das Recht, *literarische Salons* zu gründen, in denen die geistigen und politischen Erneuerer ihrer Zeit verkehrten.

Die erste Welle der Frauenrechtsbewegung Ende des 18. Jahrhunderts forderte die politische und gesellschaftliche Gleichberechtigung von Frauen und Männern. Unter anderem wurde das Recht der Frau auf politische Mitbestimmung, das Recht auf Bildung, das Recht auf Arbeit und das Recht auf eigenen Besitz gefordert. Eine der ersten Feministinnen, die ausdrücklich staatsbürgerliche Rechte für Frauen forderte, war Marie Gouze, besser bekannt unter ihrem Künstlernamen Olympe de Gouges.

Den Frauen in Deutschland ging es um den Abbau der Benachteiligungen im Familienrecht. Ehefrauen und Müttern sollten die gleichen Rechte zustehen, wie sie den Ehemännern und Vätern zukamen. Diese besaßen im zeitgenössischen deutschen Zivilrecht eine deutlich bessere Stellung. Der zentrale Punkt, an dem man im damaligen Recht die Rechtsstellung der Frau definierte, befand sich noch nicht im Verfassungsrecht, sondern im Familienrecht. Die Begründung spezifisch männlicher und weiblicher Rechte erfolgte im älteren Recht häufig im Rahmen der persönlichen Ehewirkung des heutigen Paragrafen 1353 Bürgerliches Gesetzbuch – eheliche Lebensgemeinschaft – und wurde von dort auf andere Gebiete innerhalb und außerhalb des Familienrechts übertragen.

1865 war die Geburtsstunde der organisierten Frauenbewegung in Deutschland. Die Schriftstellerin Louise Otto-Peters und die Lehrerin Auguste Schmidt gründeten den *Allgemeinen Deutschen Frauenverein*.

Die Frauenbewegung hatte in Deutschland ihren ersten Höhepunkt in den 1890er-Jahren, als Frauen gegen das geplante Familienrecht im Neuen Bürgerlichen Gesetzbuch rebellierten. Unter ihnen waren die ersten Juristinnen Deutschlands und der Schweiz: Anita Augspurg, Marie Raschke und Emilie Kempin-Spyri, die in dieser Zeit gerade ihr Studium erfolgreich abgeschlossen hatten.

Eine Vorreiterrolle im europäischen Kampf um Frauenrechte hatte Finnland, auch wenn die dortigen Fortschritte in der mitteleuropäischen Diskussion zunächst kaum Beachtung fanden. Bereits 1885 wurde das patriarchale Ehegüterrecht aufgehoben und der finnische Ständetag führte die Gütertrennung ein. Damit behielt die Frau auch in der Ehe das Recht auf ihr Vermögen. Wenige Monate vorher hatte die Schriftstellerin Minna Canth das aufsehenerregende Theaterstück „Työmiehen vaimo“ – *Die Frau des Arbeiters* – geschrieben. In dem Stück wurde geschildert, wie nach altem Ehegüterrecht die Frau eines Trinkers hilflos zusehen musste, wie dieser ihr gesamtes persönliches Vermögen missbräuchlich verschwendete. Auch bei der Gewährung staatsbürgerlicher Frauenrechte machte Finnland den Anfang. Im Jahr 1906 erhielten die Frauen als erste Europas das volle Stimmrecht.

Tatsächlich wird oft vergessen, dass auch bei uns in Deutschland laut Bürgerlichem Gesetzbuch ein Ehemann bis 1958 das Dienstverhältnis seiner Frau fristlos kündigen konnte – ohne deren Zustimmung! Das Gesetz über die Gleichberechtigung von Mann und Frau wurde erst Anfang Mai 1957 verabschiedet und trat erst ein Jahr später, Anfang Juli 1958, in Kraft.

Ebenso hat der Mann erst seit 1958 nicht mehr das Letztentscheidungsrecht in allen Eheangelegenheiten, gleichzeitig wird die Zugewinngemeinschaft zum gesetzlichen Güterstand. Bis zu diesem Datum verwaltete der Mann das von seiner Frau mit in die Ehe eingebrachte Vermögen und verfügte allein über die daraus auflaufenden Zinsen. Das Gleiche gilt für das Gehalt der Ehefrau.

Lehrerinnen mussten in Bayern noch bis Ende der 1950er-Jahre aufgrund des Lehrerinnenzölibats ihren Beruf aufgeben, wenn sie heirateten. Erst 1958 wurde das Lehrerinnenzölibat vom Bundesarbeitsgericht aufgehoben.

Frauen mussten bis 1977 ihre Ehemänner um Erlaubnis fragen, wenn sie einer beruflichen Tätigkeit nachgehen wollten. Mit der Gesetzesänderung wurde die „Hausfrauenehe" abgeschafft – die Frau war nunmehr nicht mehr per Gesetz verpflichtet, den Haushalt zu führen. Fortan gab es keine gesetzlich vorgeschriebene Aufgabenteilung mehr in der Ehe.

In dem Gesetz von 1957/58 wurden zum ersten Mal die väterlichen Vorrechte in der Kindererziehung eingeschränkt, doch erst im Jahr 1979 wurden diese vollständig beseitigt.

1980 wurde in Deutschland der erste Lehrstuhl für Frauenforschung mit der Zielsetzung, den Feminismus auch wissenschaftlich zu verankern, eingerichtet.

In Deutschland erweiterte die damalige Bundesministerin Rita Süssmuth 1986 das Ministerium Jugend, Familie und Gesundheit um den Bereich Frauen.

Ab den 1980er-Jahren kritisieren Feministinnen weltweit

immer wieder, dass die Umsetzung der 30 Artikel der *Allgemeinen Erklärung der Menschenrechte* vielfach ungenügend sei und Menschenrechtsverletzungen an Frauen aus den verschiedensten Gründen verharmlost oder – noch schlimmer – gar nicht zur Kenntnis genommen werden.

Kritiker weisen darauf hin, dass insbesondere der Artikel zwölf („*Niemand darf willkürlichen Eingriffen in sein Privatleben, seine Familie, seine Wohnung, seinen Schriftverkehr oder Beeinträchtigungen seiner Ehre und seines Rufes ausgesetzt werden. Jeder hat Anspruch auf rechtlichen Schutz gegen solche Eingriffe oder Beeinträchtigungen*") von vielen Ländern und Regierungen wiederholt dazu benutzt wird, Menschenrechtsverletzungen an Frauen als *Privatsache* abzuhandeln und somit das Recht des Mannes auf *Privatsphäre, Familie und persönliche Ehre* in der Rechtsprechung höher bewerten als beispielsweise das Recht der Frau auf deren körperliche Unversehrtheit. Die Menschenrechtsverletzungen an Frauen finden größtenteils im privaten und nicht im öffentlichen Leben statt. Leider verleitet dieser Umstand allzu oft dazu, die Augen vor Menschenrechtsverletzungen an Frauen zu verschließen. Ein weiterer Kritikpunkt ist, dass heikle Situationen für Frauen in der Menschenrechtserklärung nicht erwähnt und deshalb von den Menschenrechtsorganisationen nicht wahrgenommen werden. So sind Frauen vielerorts denselben Menschenrechtsverletzungen wie Männer ausgesetzt, zum Beispiel Verfolgungen aus religiösen Gründen und/oder aufgrund ihrer Herkunft. Hinzu kommen weitere frauenspezifische Menschenrechtsverletzungen wie sexuelle Folter und/oder Zwangsprostitution.

Bis weit in die 1990er-Jahre ist es üblich gewesen, konsequent und strukturell vollzogene Menschenrechtsverletzungen an Frauen – wie sie beispielsweise in Afghanistan oder im Iran vorkommen – unter dem Deckmantel des kulturellen Unterschieds zu tolerieren. Feministinnen kritisieren diese Vorgehensweise. Insbesondere Frauenrechtsorganisationen aus den betroffenen Ländern fordern bis heute die *Universalität* und die *Unteilbarkeit* der Menschenrechte – auch für Frauen und auch in Ländern, in denen die kulturelle Tradition dies nicht vorsieht.

In der Ukraine gründete Hanna Huzol 2008 die mittlerweile weltweit aufgestellte Organisation *FEMEN*. Die Aktivistinnen kämpfen seit 2010 mit nackten Oberkörperaktionen für Frauenrechte.

Anne Wizorek initiierte in Deutschland mit anderen Aktivistinnen Ende Januar 2013 auf Twitter erfolgreich das Hashtag *#aufschrei,* in der Absicht, unter diesem Schlagwort Erfahrungen mit Sexismus und sexueller Gewalt gegen Frauen zu sammeln und sichtbar zu machen. Am 21. Juni 2013 wurde das Hashtag *#aufschrei* als erstes Hashtag mit dem Grimme Online Award in der Kategorie „Spezial" ausgezeichnet.

Nach den sexuellen Übergriffen in der Silvesternacht 2015/16 initiierte Anne Wizorek mit weiteren Aktivistinnen das Hashtag *#ausnahmslos* gegen *Sexismus und Rassismus*, um auf diese und weitere Übergriffe, die gegen Frauen gerichtet sind, aufmerksam zu machen.

Menschenrecht = Frauenrecht?

Die Menschenrechte und die Frauenrechte sind eng miteinander verflochten. Allerdings wurden strukturell bedingte Menschenrechtsverletzungen an Frauen (ein Widerspruch zu Artikel eins und zwei der *Allgemeinen Menschenrechtserklärung*) oft nicht als Verletzung der Menschenrechte wahrgenommen. In der Vergangenheit wurden die Menschenrechtsverletzungen von den internationalen Organisationen und den Nichtregierungsorganisationen als Spezialfall – als Frauenrecht und nicht als Menschenrecht – behandelt. Frauenbewegungen brachten scharfe Kritik gegen *Amnesty International* und *Human Rights Watch* vor, die den spezifischen Frauenproblematiken zu wenig Aufmerksamkeit schenkten. Der UNO und ihren Gremien wurde zum Beispiel vorgeworfen, dass sexuelle Übergriffe auf Frauen in bewaffneten Konflikten als Privatangelegenheit und nicht als Menschenrechtsverletzung behandelt und als außergewöhnliches Vorkommnis an die nationale Gerichtsbarkeit delegiert wurden.

In den 1970er-Jahren wurde von den Frauenrechtsorganisationen der Slogan *„Frauenrechte sind Menschenrechte"* kreiert, damit die Menschenrechte auch für die Ahndung geschlechtsspezifischer Verstöße hinzugezogen werden konnten. Es wurde in jahrzehntelanger Aufklärungs- und Lobbyarbeit darauf hingewiesen, dass zum Beispiel Zwangsprostitution als Sklaverei behandelt werden müsse, desgleichen Gewalt oder systematische Vergewaltigung als Folter.

Seit 1976 wird mit dem gegründeten Entwicklungsfonds der Vereinten Nationen für Frauen daran gearbeitet, die soziale und wirtschaftliche Situation der Frauen weltweit zu stärken. Auf völkerrechtlichem Gebiet wurden Staaten vermehrt zur Verantwortung gezogen. Nunmehr sind Rechtsverletzungen an Frauen genauso konsequent zu verfolgen wie an Männern. Innerhalb der internationalen Organisationen wird daran gearbeitet, sozialen und wirtschaftlichen Rechten den gleichen Stellenwert einzuräumen wie den traditionellen bürgerlichen und politischen Rechten. Konkrete Hauptschwerpunkte moderner Frauenrechtsorganisationen sind Zwangsprostitution, Zwangsheirat, Ehrenmorde, gezielte Abtreibungen an weiblichen Föten, Kindstötung weiblicher Säuglinge, weibliche Genitalverstümmelung, Recht auf Schulbildung auch für Mädchen und so weiter. Erst 1995 wurde im Deutschen Bundestag das bis heute geltende Schwangeren- und Familienhilfegesetz verabschiedet, das Frauen in seelischen Notlagen erlaubt, bis zum dritten Monat abzutreiben. Voraussetzung ist eine obligatorische Beratung.

Das Prinzip der Gleichberechtigung von Frau und Mann wurde bereits bei der Gründung der UNO im Jahr 1946 anerkannt. Die *Allgemeine Erklärung der Menschenrechte* aus dem Jahr 1948 beinhaltet einen Grundsatz der Nichtdiskriminierung aufgrund des Geschlechts. Im Genfer Abkommen IV wurde 1949 im Artikel 27 erstmals der besondere Schutz vor Vergewaltigung, erzwungener Prostitution und sonstigen unzüchtigen Angriffen gegen Frauen im Krieg verankert.

Trotz dieser Vorsätze gelang die Umsetzung dieser Grundsätze vorerst nicht. Die Vorschläge der UN-Frauenkommission wurden nicht umgesetzt, und die Lage der Frauen in vielen Ländern verbesserte sich kaum. Im Dezember 1979 wurde von der Generalversammlung der Vereinten Nationen in New York ein Übereinkommen zur Beseitigung jeder Form von Diskriminierung der Frau verabschiedet. Das Übereinkommen ist eine Zusammenfassung der bereits existierenden Bestimmungen und geht auch darüber hinaus. Es nimmt die Vertragsstaaten in die Verantwortung, Rechtsverletzungen an Frauen auch durch nicht staatliche Akteure zu ahnden. Das Übereinkommen wird durch ein Aktionsprogramm ergänzt, das die Vertragsstaaten verpflichtet, die Gleichberechtigung von Frauen und Männern nicht nur *de jure*, sondern auch *de facto* umzusetzen. In der im Dezember 1993 verabschiedeten *Erklärung zur Beseitigung von Gewalt gegen Frauen* wird erneut festgehalten, dass Frauenrechte ein unveräußerlicher und untrennbarer Bestandteil der universellen Menschenrechte sind und auf keinen Fall unter Verweis auf kulturelle und traditionelle Gewohnheiten relativiert werden dürfen!

Nachfolgende Gewalttaten werden als Menschenrechtsverletzungen verurteilt:

1. Körperliche und sexuelle Gewalt inklusive des sexuellen Missbrauchs von Mädchen innerhalb des Familienverbundes und der Vergewaltigung in der Ehe,
2. Gewalt im Zusammenhang mit Mitgift,
3. weibliche Genitalverstümmelung,
4. sexuelle oder anderweitige Ausbeutung von Frauen, zum Beispiel Vergewaltigung, sexueller Missbrauch, sexuelle Belästigung am Arbeitsplatz, selbstverständlich auch grundsätzlich sexuelle Belästigung,
5. Frauenhandel,
6. Zwangsprostitution,
7. staatliche oder staatlich geduldete körperliche und/oder sexuelle Gewalt in staatlichen Einrichtungen sowie staatliche oder staatlich geduldete körperliche und/oder sexuelle Gewalt generell.

Um die Umsetzung der Erklärung zur Beseitigung von Gewalt gegen Frauen zu stärken, wurde im März des Jahres 1994 das Amt eines ständigen UN-Sonderberichterstatters über Gewalt an Frauen eingerichtet.

Im sogenannten Foca-Fall vom 22. Februar 2001 wurde erstmals in der Geschichte der Frauenrechte die Vergewaltigung im

Zusammenhang mit kriegerischen Aktionen als Kriegsverbrechen und als schwerer Verstoß gegen die Genfer Konventionen verurteilt.

Die Entwicklung des Frauenwahlrechts

1776 – Im US-Bundesstaat New Jersey wurde durch Verfassung das Wahlrecht für alle Personen ab einem gewissen Besitzstand eingeführt. Das Wahlrecht schloss die verheirateten Frauen aus und galt nur für Witwen. Verheiratete Frauen durften in dieser Epoche keinen Besitz haben, hatten also kein Wahlrecht. 1807 wurde das Wahlrecht auf Männer begrenzt.

1880er-Jahre – Die Frauen in den skandinavischen Staaten forderten ihren Anspruch auf politische Rechte ein.

1830, 1832 und 1848 – Während der Julirevolution 1830, des Juniaufstandes 1832 und der Februarrevolution 1948 forderten die Französinnen ihr Recht zu wählen ein.

1832 – In Großbritannien wurden erste Petitionen für das Frauenwahlrecht eingereicht.

1838 – Die britische Kronkolonie Pitcairn, eine Insel im Südpazifik, bekam ein nachhaltiges Frauenwahlrecht.

1853 – Vélez, die Hauptstadt der Provinz Vélez im Departamento Santander im Nordosten Kolumbiens, führte als erste Stadt der Welt das Frauenwahlrecht ein.

1869 – Als erster Staat führte Wyoming das Frauenwahlrecht ein.

1893 – Colorado war der erste Staat, in dem sich Männer in einer Volksabstimmung für das Frauenwahlrecht entschieden haben.

1893 – Frauen in Neuseeland erhielten das aktive Wahlrecht und 1919 das passive Wahlrecht.

1894 – Frauen in South Australia (ist übrigens seit 1836 eine britische Kolonie) erhielten das aktive und passive Wahlrecht.

Nach 1900 – Die ersten Forderungen nach dem Frauenwahlrecht setzten in Mitteleuropa ein – in einigen mediterranen Ländern sogar erst nach dem Ersten Weltkrieg.

1902 – Das neu gegründete Commonwealth of Australia, das ein Jahr zuvor von Großbritannien in die staatliche Selbstständigkeit entlassen worden war, folgte dem neuseeländischen Beispiel. Damit war Australien der erste moderne souveräne Staat, der das Frauenwahlrecht eingeführt hat.

1906 – Finnland gab als erstes europäisches Land mit seiner Landtagsordnung Frauen das Wahlrecht.

1913 – Durch eine neue Gesetzgebung wurde das allgemeine Frauenwahlrecht in Norwegen eingeführt.

1915 – Dänemark führte durch eine Änderung der dänischen Verfassung ebenfalls das allgemeine Wahlrecht im hohen Norden ein.

1917 – Aserbaidschan führte als erstes islamisches Land das Frauenwahlrecht ein.

1918 – Im späten Herbst wurde in Polen das allgemeine Wahlrecht für Frauen eingeführt. Die ersten acht Frauen zogen 1919 in den neu gewählten Sejm, in eine der beiden Kammern des polnischen Parlaments, ein. Bereits vor 1795 und der Teilung

Polens hatten steuerzahlende Frauen partielles Wahlrecht genossen.

1918 – Frauen in Österreich erhielten das allgemeine Wahlrecht, die Männer bereits elf Jahre zuvor, im Jahr 1907.

1919 – Ab diesem Jahr konnten Frauen erstmals auf nationaler Ebene in Deutschland ihr Wahlrecht nutzen. Nach der Machtübernahme des NS-Regimes wurde ihnen das passive Wahlrecht im Rahmen der Gleichschaltung jedoch indirekt wieder entzogen.

1928 – Großbritannien kam hinzu, nachdem Frauen ab 1919 nur eingeschränkt wählen durften. Das Wahlrecht in Großbritannien war allerdings an Bedingungen geknüpft. Die wahlberechtigten Frauen mussten ein Mindestalter von 28 Jahren haben, und sie selbst oder ihre Ehemänner mussten ein gebundenes, kommunales Stimmrecht besitzen.

1930 – Die Frauen in der Türkei bekamen das aktive und passive Wahlrecht bei den Kommunalwahlen und ab 1934 bei den Parlamentswahlen.

1936 – In Frankreich sprach sich die *Chambre des D*éputés in der Abgeordnetenkammer einstimmig mit 475 zu null Stimmen für ein Frauenwahlrecht aus.

1937 – Auf den Philippinen bestimmten die Frauen in einer Volksabstimmung selbst über ihr Schicksal. Sie entschieden sich mit großer Mehrheit für das aktive und passive Wahlrecht. Noch im selben Jahr zogen 24 Frauen in Gemeinde- und Provinzparlamente ein.

1946 – In Belgien erhielten die Frauen ihr volles Wahlrecht.

1946 – Auch die Italienerinnen erhielten ihr volles Wahlrecht. Zuvor hatten sie seit 1925 lediglich das kommunale Wahlrecht.

1950 – In Indien wurde das Wahlrecht für Frauen eingeführt.

1963 – Seit diesem Jahr dürfen auch die Frauen im Iran wählen.

1971 – Das Frauenstimmrecht in der Schweiz wurde nach einer erfolgreichen Volksabstimmung auf Bundesebene eingeführt. 1959 hatte die Mehrheit der wahlberechtigten Männer das Frauenwahlrecht noch abgelehnt.

1984 – Liechtenstein kam als letztes westeuropäisches Land dazu, nachdem zuvor in zwei Volksabstimmungen – im Jahr 1971 und im Jahr 1973 – die Einführung des Wahlrechts für Frauen noch abgelehnt worden war.

1990 – Der Kanton Appenzell Innerrhoden führte als letzter Kanton das Frauenwahlrecht auf kantonaler Ebene ein.

2005 – Frauen in Kuwait bekamen das aktive sowie das passive Wahlrecht.

Weibliche Staatsoberhäupter weltweit

Es gibt tatsächlich mehr weibliche Staatsoberhäupter als Angela Merkel, zum Beispiel folgende:

Maria Corazon Sumulong Cojuangco Aquino war von 1986 bis 1992 Präsidentin der Philippinen.

Marie Louise Coleiro Preca ist seit 2014 Präsidentin auf Malta.

Verónica Michelle Bachelet Jeria ist seit 2014 erneut nach den Jahren 2006 bis 2010 Präsidentin von Chile.

Sirimavo Ratwatte Dias Bandaranaike hatte auf Sri Lanka in den Jahren 1960 bis 1965, 1970 bis 1977 und von 1994 bis 2000 das Amt der Premierministerin inne.

Vigdís Finnbogadóttir war in den Jahren 1980 bis 1996 im Amt der Präsidentin von Island. Weltweit war sie die erste Frau, die demokratisch zum Staatsoberhaupt gewählt wurde.

Indira Priyadarshini Gandhi war in den Jahren 1966 bis 1977 und von 1980 bis 1984 Premierministerin Indiens.

Kolinda Grabar-Kitarović ist seit 2015 Staatspräsidentin der Republik Kroatien.

Ameenah Gurib ist seit 2015 Präsidentin des Inselstaates Mauritius.

Tsai Ing-wen ist ab Mai 2016 Präsidentin der Republik China.

Saara Kuugongelwa-Amadhila ist seit 2015 Premierministerin Namibias. Sie ist die erste Frau an der Spitze der namibischen Regierung.

Golda Meir war in den Jahren 1969 bis 1974 Ministerpräsidentin Israels.

Park Geun-hye ist seit 2013 Südkoreas Präsidentin.

Isabel Martínez de Perón war von 1974 bis 1976 Präsidentin Argentiniens.

Dilma Rousseff ist seit 2011 Staatspräsidentin Brasiliens.

Lorella Stefanelli ist seit 2015 Staatsoberhaupt von San Marino, der ältesten Republik der Welt.

Catherine Samba-Panza hat im Januar 2014 ihr Amt als Interimspräsidentin in der Zentralafrikanischen Republik angetreten.

Simonetta Sommaruga hatte von Januar bis Dezember 2015 das Amt der Bundespräsidentin der Schweizerischen Eidgenossenschaft inne.

Hanna Suchocka war von 1992 bis 1993 die erste weibliche Ministerpräsidentin Polens.

Beata Szydlo ist seit November 2015 Ministerpräsidentin Polens.

Vasiliki Thanou-Christofilou ist seit August 2015 kommissarische Ministerpräsidentin in Griechenland.

Margaret Hilda Thatcher war von Mai 1979 bis November 1990 Premierministerin des Vereinigten Königreichs.

Begum Khaleda Zia war in den Jahren 1991 bis 1996 und 2001 bis 2006 Premierministerin Bangladeschs.

Weibliche Verteidigungsminister

In vielen Ländern gilt das Amt des Verteidigungsministers immer noch als Männerdomäne. Allerdings gibt es auch Frauen, die auf diesem Posten sind oder waren:

Michèle Alliot-Marie amtierte in Frankreich von November 2010 bis Ende Februar 2011.

Verónica Michelle Bachelet Jeria amtierte in Chile 2002 bis 2004.

Leni Björklund amtierte in Schweden von 2002 bis 2006.

Carme Chacón i Piqueras amtierte in Spanien von April 2008 bis Dezember 2011.

Grete Faremo amtierte in Norwegen von 2009 bis 2011.

Jeanine Antoinette Hennis-Plasschaert amtiert in den Niederlanden seit 2012.

Anne-Grete Hjelle Strøm-Erichsen amtierte in Norwegen von 2005 bis 2009 und von 2012 bis 2013.

Ljubica Jelušič amtierte in Slowenien von 2008 bis 2012.

Rasa Juknevičienė amtierte in Litauen von 2008 bis 2012.

Yuriko Koike amtierte in Japan von Juli 2007 bis August 2007.

Kristin Krohn Devold amtierte in Norwegen von 2001 bis 2005.

Guadalupe Larriva González amtierte in Ecuador im Januar 2007.
Lediglich neun Tage nach ihrer Ernennung starb sie bei einem Hubschrauberzusammenstoß.

Ursula von der Leyen amtiert in Deutschland seit Dezember 2013.

Eldbjørg Løwer amtierte in Norwegen in den Jahren 1999 bis 2000.

Nosiviwe Mapisa-Nqakula amtiert in Südafrika seit Juni 2012.

Linda Abu Meri amtierte in Lettland im Jahr 2006.

Elisabeth Rehn amtierte in Finnland von 1990 bis 1995.

Anneli Taina amtierte in Finnland von 1990 bis 1999.

Weibliche Außenminister

Weitaus mehr Frauen, als man denkt, präsentieren oder präsentierten ihr Land als Außenministerin:

Margaret Ashton war von 2009 bis 2014 Hohe Vertreterin für Außen- und Sicherheitspolitik in der Europäischen Union. Des Weiteren ist sie die Erste Vizepräsidentin der Europäischen Kommission und Mitglied des britischen Oberhauses – des House of Lords.

Dora Bakogianni war die erste Frau, die das Amt der Außenministerin von Anfang Oktober 2009 bis Mitte 2010 in Griechenland bekleidete. Zuvor war sie von 2002 bis 2006 Bürgermeisterin in der griechischen Hauptstadt Athen. Auch hier war sie die erste Frau in diesem Amt.

Micheline Calmy-Rey war von 2003 bis 2011 als Mitglied des Bundesrates Vorsteherin des Eidgenössischen Departements für auswärtige Angelegenheiten des schweizerischen Außenministeriums. Bereits im Jahr 2007 übernahm sie turnusgemäß das Amt der Bundespräsidentin für ein Jahr. Zudem war Micheline Calmy-Rey von November 2010 bis Dezember 2010 Vizepräsidentin und von Januar bis Dezember 2011 Bundespräsidentin der Schweizerischen Eidgenossenschaft.

Hillary Diane Rodham Clinton war von Januar 2009 bis Februar 2013 die siebenundsechzigste Außenministerin der Vereinigten Staaten. Zuvor war sie von 2001 bis 2009 Senatorin im Bundesstaat New York.

Delia Domingo-Albert war von Dezember 2003 bis August 2004 auf den Philippinen Außenministerin. Ab Dezember 2005 bis Ende September 2010 war sie Botschafterin in der Republik der Philippinen in Deutschland.

Lene Espersen war von Februar 2010 bis Oktober 2011 Außenministerin von Dänemark.

Benita Ferrero-Waldner war von 2000 bis 2004 österreichische Außenministerin.

Anna Fotyga bekleidete von 2006 bis November 2007 in Polen das Amt der Außenministerin.

Ingibjörg Sólrún Gísladóttir war für Island von 2007 bis 2009 als Außenministerin in Amt und Würden.

Yoriko Kawaguchi war von Anfang 2002 bis 2004 in Japan als Außenministerin tätig. Im Jahr 2013 zog sie sich aus der Politik zurück.

Madeleine Korbel Albright war in der Zeit von 1997 bis 2001 Außenministerin der Vereinigten Staaten. Sie war übrigens die erste Frau in diesem Amt.

Maxine McClean ist seit 2008 Außenministerin auf Barbados.

Golda Meir bekleidete das Amt der Außenministerin von 1956 bis 1965 in Israel.

Kristiina Ojuland bekleidete das Amt der Außenministerin von Januar 2002 bis Februar 2005 in Estland.

Rosa Issakowna Otunbajewa war in den Jahren 1992, 1994 bis 1996 und 2005 Außenministerin des Landes Kirgisien. Des Weiteren war sie von April 2010 bis Dezember 2011 faktische Staats- und Regierungschefin.

Ursula Plassnik war von Oktober 2004 bis 2008 Außenministerin von Österreich. Derzeit ist sie als österreichische Botschafterin in Frankreich tätig.

Condoleezza Rice bekleidete in den Jahren 2005 bis 2009 in den USA den Posten der Außenministerin. Sie war die erste afroamerikanische Frau in diesem Amt.

Susana Ruiz Cerutti bekleidete im Jahr 1989 für einige Wochen das Amt der Außenministerin in Argentinien.

Rumjana Rusewa Schelewa war von Juli 2009 bis Januar 2010 Außenministerin in Bulgarien.

Salome Surabischwili-Kaschia hatte in Georgien von März 2004 bis Oktober 2005 das Amt der Außenministerin inne.

Makiko Tanaka war von 2001 bis 2002 Außenministerin in Japan und im Jahr 2012 Bildungs- und Wirtschaftsministerin.

Njam-Osoryn Tujaa war von 1998 bis 2000 Außenministerin der Mongolei. Mitte Juli 1999 führte sie für acht Tage die Geschäfte des Premierministers.

Interessante Frauen der Weltgeschichte

Ada, Königin von Karien, war eine Zeitzeugin von Alexander dem Großen. Sie war die jüngste Tochter des karischen Dynasten Hekatomnos. Wie damals durchaus üblich, war sie mit einem ihrer Brüder verheiratet. Mit ihrem Bruder Idrieus regierte sie nach dem Tod ihres Bruders Maussolos und ihrer Schwester Artemisia, Karien. Nach dem Ableben ihres Mannes regierte sie alleine unter persischer Oberhoheit weiter.

Jane Addams war eine bedeutende US-amerikanische Soziologin, Sozialarbeiterin und, Feministin. Unter anderem war sie die Gründerin des *Hull House* in Chicago, einer Bildungseinrichtung mit sozialen und kulturellen Angeboten. Jane Addams war Trägerin des Friedensnobelpreises von 1931.

Maria Gaetana Agnesi lebte im 18. Jahrhundert in Italien. Die Mathematikerin und Philanthropin verfasste ein Lehrbuch über die Mathematik, was ihr den Ruf als Professorin an die Universität von Bologna einbrachte. Nach Hypatia war sie die erste wichtige weibliche Mathematikerin.

Agnodike war Ärztin in Athen. Sie lebte um 300 vor Christus. Die Athenerin verkleidete sich als Mann, um den Beruf der Hebamme und Ärztin zu lernen. Neider verleumdeten sie, und ihr wurde der Prozess gemacht. Ihr drohte die Todesstrafe. Es kam zur Anklage – Vorspiegelung falscher Tatsachen und Praktizieren als Frau –, denn es war seinerzeit Frauen und Sklaven nicht erlaubt, als Arzt zu arbeiten. Den Überlieferungen nach wurde sie durch Intervention ihrer teils einflussreichen Patientinnen von der Anklage freigesprochen. Nach ihrem Freispruch wurde das Verbot mit einer Einschränkung aufgehoben: Frauen durften nun Frauen behandeln.

Agrippina die Ältere (Agrippina maior) lebte um Christi Geburt. Agrippina war die Mutter von Kaiser Caligula und Agrippina der Jüngeren sowie die Großmutter Kaiser Neros. Einige ihrer Handlungen und Entscheidungen sprechen von großer Selbstständigkeit. Obwohl dies für römische Frauen ungewöhnlich war, wurde es überwiegend positiv aufgenommen.

Agrippina die Jüngere (minor) stammte aus der julisch-claudischen Dynastie. Sie war die Ehefrau des Kaisers Claudius und die Mutter Kaiser Neros. An Neros Aufstieg war sie maßgeblich beteiligt. Agrippina gilt als die Gründerin Kölns, die dort auch heute noch durch das Gewand der Jungfrau des Kölner Dreigestirns symbolisiert wird.

Hypatia von Alexandria ist eine der bekanntesten Frauen, die Opfer des Christentums wurden. Ihr Leben wurde in „Agora – Die Säulen des Himmels“ verfilmt.

Angilberga, ist auch bekannt als Engelberga, lebte im 9. Jahrhundert. Sie war die Ehefrau von Kaiser Ludwig II. Ihr Geburtsdatum ist unbekannt. Sie soll über ein starkes Herrscher- und Familienbewusstsein sowie über Sinn für Macht und Besitz verfügt haben. Sie galt bei Zeitgenossen als herrschsüchtig. Angilberga nahm intensiv an der politischen Arbeit ihres Mannes teil. Da ihr Mann Ludwig sie mit zwölf Schenkungen bedachte, wurde ihr Habgier unterstellt. Als Ludwig im Jahr 864 durch eine Jagdverletzung erkrankte, nahm ihr Einfluss auf die Regierungsgeschäfte zu. Als erste mittelalterliche Herrscherin trug sie den Titel *consor et adiutrix regni.* Nach dem Tod des Kaisers Ludwig II. im Jahr 875 wurde Karl der Kahle

Ludwigs Nachfolger. Angilberga war damit entmachtet. Da sie jedoch über einen großen Grundbesitz verfügte, den sie klug und gewinnbringend verwaltete, baute sie in Piacenza ein Kloster. Zwei Jahre nach Ludwigs Tod zog sie sich in ihr Kloster zurück. 896 wurde Angilberga Äbtissin des von ihr gegründeten Klosters San Sisto.

Mathilde Franziska Anneke war eine der ersten deutschen Feministinnen. Nach der Deutschen Revolution im Jahr 1848 ging sie in die USA ins Exil. Sie gilt in den USA als eine der führenden Personen der US-amerikanischen Frauenrechtsbewegung.

Susan B. Anthony war eine Pionierin der US-amerikanischen Frauenrechtsbewegung. Sie galt als „Napoleon" der Frauenbewegung und war die erste Frau, die im Jahr 1872 bei einer US-Präsidentschaftswahl als Wählerin registriert wurde. Später wurde sie für dieses Vergehen *wegen unrechtmäßiger Wahlbeeinflussung* in einem aufsehenerregenden Prozess verurteilt.

Eleonore von Aquitanien war Herzogin von Aquitanien. Erst durch ihre Heirat wurde sie Königin von Frankreich und regierte von 1137 bis 1152. Dann wurde sie Königin von England. Sie regierte England in den Jahren 1154 bis 1189. Eleonore von Aquitanien war eine der einflussreichsten Frauen des Mittelalters.

Durch die Ehe Eleonores mit dem französischen Thronfolger Ludwig VII. gelang es der französischen Krone, die Territorialherrschaften wieder enger an sich zu binden, nachdem sie seit der Karolingerzeit zunehmend selbstständiger und autonomer geworden waren. Doch die Ehe wurde aufgelöst. Die Auflösung der Ehe mit Ludwig VII. gilt als eine der folgenreichsten Trennungen der Geschichte. Die Trennung setzte nämlich eine Entwicklung in Gang, die zu einem mehr als dreihundert Jahre anhaltenden Konflikt zwischen dem englischen und dem französischen Königreich führte. Kurz nach der Annullierung der Ehe mit dem französischen König heiratete Eleonore den jungen Heinrich. Ihre Ehe soll – nicht zuletzt wegen Eleonores Anspruch auf eigenständige Machtausübung – konfliktreich gewesen sein. Ihr berühmtester Sohn ist bekannt als Richard Löwenherz.

Jeanne d'Arc wird im deutschen Sprachraum auch *Johanna von Orléans* oder *die Jungfrau von Orléans* genannt. Sie ist eine französische Nationalheldin und wird in der römisch-katholischen Kirche als Jungfrau, Märtyrin und Heilige verehrt. Zu ihrer eindrucksvollen Geschichte: Während des Hundertjährigen Krieges verhalf sie bei Orléans den Truppen des Thronerben zu einem Sieg über die Engländer und Burgunder. Später geleitete sie Karl VII. von Frankreich zu seiner Krönung nach Reims. Nach ihrer Gefangennahme Ende Mai 1430 in Compiègne wurde sie von den mit den Engländern verbündeten Burgundern an die Engländer übergeben und in einem kirchlichen Verfahren des Bischofs von Beauvais, der proenglisch eingestellt war, aufgrund verschiedener Anklagepunkte am 30. Mai 1431 im Alter von nur neunzehn Jahren auf dem Marktplatz von Rouen auf dem Scheiterhaufen verbrannt. Vierundzwanzig Jahre später strengte die römische Kurie einen Revisionsprozess an. Das Urteil wurde aufgehoben und Jeanne d'Arc zur Märtyrin erklärt. 1909 wurde sie von Papst Pius X. selig- und 1920 von Papst Benedikt XV. heiliggesprochen. Am 30. Mai ist ihr offizieller Gedenktag, sogar in der Church of England.

Bettina von Arnim war eine deutsche Schriftstellerin. Sie gilt als Deutschlands erste Sozialkämpferin.

Louise Aston war eine deutsche Schriftstellerin und Vorkämpferin für die demokratische Revolution und Frauenbewegung. Sie führte ein extravagantes Leben und provozierte in Magdeburg und Göttingen, wo sie sich zeitweilig aufhielt, wiederholt Skandale. Beschwerden führten dazu, dass die Polizei sie überwachte. 1846 wurde sie wegen der Veröffentlichung erotischer Gedichte, dem Tragen von Männerkleidung und wegen öffentlichen Rauchens auf der Straße aus Berlin ausgewiesen. Sie war dreimal verheiratet und starb verarmt.

Königin Atalja von Israel war die Frau von Joram, König von Juda. Sie regierte selbst fünf oder sechs Jahre als Alleinherrscherin. Ihre Regierungszeit wird auf die Jahre 842 bis 837 vor Christus datiert.

Jane Austen war eine englische Schriftstellerin. Sie schrieb Klassiker der englischen Literatur, zum Beispiel „Stolz und Vorurteil" und „Emma". Vor allem in der britischen Kultur haben ihre Bücher einen ähnlichen Status erreicht wie beispielsweise William Shakespeares Komödien. Jane Austen veröffentlichte ihre Bücher zeit ihres Lebens anonym. Ihre Bücher trugen stets die Verfasserangabe *By a Lady*. Auch dann noch, als ihre Identität immer mehr zu einem offenen Geheimnis wurde. Ihre Werke gerieten nach ihrem Tod in Vergessenheit. Heute hat die Autorin eine große Fangemeinde, nicht zuletzt auch wegen ihrer verfilmten Romane.

Teresa von Ávila ist bis heute die am meisten gelesene Mystikerin. Die spanische Ordensfrau trat gegen den Willen ihres Vaters in ein Kloster ein und wurde zur großen Visionärin und Ordensgründerin. Die Gelehrte und Schriftstellerin wurde als erste Frau zur Kirchenlehrerin erhoben.

Sirimavo Ratwatte Dias Bandaranaike hatte das Amt der Premierministerin auf Sri Lanka in den Jahren 1960 bis 1965, 1970 bis 1977 und 1994 bis 2000 inne. Sie war die erste frei gewählte Regierungschefin der Welt.

Gertrud Bäumer war eine deutsche Politikerin. Sie war von 1920 bis 1930 Reichstagsabgeordnete der Deutschen Demokratischen Partei. Gertrud Bäumer zählte zu den zentralen Figuren der bürgerlichen Frauenbewegung in Deutschland. Über den Beruf der Lehrerin fand sie zur Frauenbewegung. Sie gehörte zu den Vertreterinnen eines Feminismus, der dem *weiblichen Prinzip* die Aufgabe zuschrieb, zur *Humanisierung des Lebens* beizutragen. Politisch identifizierte sie sich mit Friedrich Naumanns, mit dem sie ab 1906 eng zusammenarbeitete. Ab 1912 war sie für den Kulturteil seiner 1894 gegründeten Zeitschrift *Die Hilfe* redaktionell verantwortlich. Nach Friedrich Naumanns Tod im Jahr 1919 war sie zeitweilig die alleinige Herausgeberin der Zeitung. Mit der Machtergreifung der Nationalsozialisten 1933 wurde Gertrud Bäumer ihrer Ämter enthoben. Sie siedelte von Berlin nach Gościszów um. In den darauffolgenden Jahren reiste sie viel und schrieb diverse Bücher. 1936 entstand ihr berühmtes Werk „Adelheid – Mutter der Königreiche“. Bis 1944 war sie Herausgeberin der Zeitschrift *Die Frau*, die vor der Machtergreifung der Nationalsozialisten vom Bund *Deutscher Frauenvereine* herausgegeben wurde. Während des Zweiten Weltkriegs floh sie 1944/45 nach Saalfeld/Saale und weiter nach Bamberg. In der Nachkriegszeit war sie sodann am politischen Aufbau und der Gründung der CSU beteiligt.

Simone-Lucie-Ernestine-Marie Bertrand de Beauvoir war eine französische Schriftstellerin, Philosophin und Feministin. Sie erreichte mit ihrem Buch „Das andere Geschlecht“ aus dem Jahr 1949 Welterfolg. Simone de Beauvoir zählt zu den bekanntesten Intellektuellen Frankreichs.

Aphra Behn war eine englische Schriftstellerin, Feministin und … Spionin! Sie schaffte es, sich mit dem Schreiben ihren Lebensunterhalt zu verdienen. Sie war eine gefeierte Bühnenautorin. Ihre Theaterstücke waren ein Bestandteil des Repertoires der Londoner Bühnen der Restaurationszeit und des frühen 18. Jahrhunderts. „The Rover", ihr populärstes Stück, wurde zwischen 1703 und 1750 fast jedes Jahr aufgeführt. Ihre Werke blieben bis Mitte des 18. Jahrhunderts sehr beliebt, bis sie eines Tages von den Bühnen verschwanden. Dies war zum Teil Aphra Behns scharfer Analyse der sexuellen Doppelmoral und der *guten Sitten* geschuldet. Ihre Stücke waren dem Publikum zu freizügig. Ferner setzte man ihre Werke mit ihrem Lebensstil gleich. Die öffentliche Meinung ging dahin, dass man Stücke einer Frau, die selbstbestimmt lebt, arbeitet und liebt, nicht weiter aufführen könne.

Bertha Benz war eine Automobilpionierin. Durch ihren Unternehmergeist und ihr technisches Know-how schuf sie die Voraussetzungen für die Erfindung ihres Mannes Carl Benz. Mit der ersten Fahrt in seinem Auto bewies sie die Eignung des neuen Verkehrsmittels – ein Fortbewegungsmittel, das in unserer Zeit nicht mehr wegzudenken ist! Sie war es, die im Jahr 1888 die erste Fernfahrt in einem Auto unternahm. Mit an Bord: ihre beiden Söhne Eugen und Richard. Auf dieser Autofahrt musste sowohl getankt als auch die eine oder andere Panne bewältigt werden.

Berenike III nach der Thronübernahme Kleopatra Berenike III. – war eine ägyptische Königin. Entsprungen ist sie der Dynastie der Ptolemäer. Ihr Vater war Ptolemaios IX. Soter II.

ihre Mutter war Kleopatra IV. Nach dem Tod ihres Mannes war Kleopatra Berenike III. zunächst alleinige Herrscherin Ägyptens. Ihre männlichen Verwandten befanden sich zum Zeitpunkt ihrer Thronbesteigung nicht in Ägypten. Rom gefiel ihre Alleinherrschaft nicht. Sie heiratete trotz eines erheblichen Altersunterschiedes ihren um viele Jahre jüngeren Stiefsohn Ptolemaios XI. Sie wollte ihre Macht nicht mit ihm teilen. Aus diesem Grund ließ er sie nach lediglich achtzehn oder neunzehn Tagen Ehe ermorden. Doch Kleopatra Berenike III. genoss bei ihrem Volk große Popularität, und ihr Tod löste in Alexandria einen Aufstand aus, in dessen Verlauf Ptolemaios XI. getötet wurde.

Berenike IV. war eine ägyptische Königin. Sie saß nur wenige Jahre auf dem Königsthron, ehe sie von ihrem Vater, Ptolemaios XII. Neos Dionysos, der die Unterstützung Roms hatte, vertrieben und später getötet wurde.

Hildegard von Bingen war Äbtissin, Mystikerin, Dichterin und eine der bedeutendsten Universalgelehrten ihrer Zeit. Durch eigene Denkansätze setzte sie neue Impulse. Sie war es, die ihr Wissen über Krankheiten und Pflanzen aus der griechisch-lateinischen Tradition mit der seinerzeit traditionellen Medizin zusammenbrachte. Mutig entwickelte sie eigene Ansichten über die Entstehung von Krankheiten, Körperlichkeit und Sexualität. Ihre Theorien über Krankheiten waren der Vier-Säfte-Lehre mit abweichenden Bezeichnungen sehr ähnlich. Der Gedanke der Einheit und Ganzheit des Körpers war ein Schlüssel zu Hildegard von Bingens natur- und heilkundlichen Schriften. Sie gilt als erste Vertreterin der deutschen Mystik des Mittelalters. Ihre Werke befassten sich mit Religion, Medizin, Musik, Ethik und Kosmologie. Sie war Beraterin vieler Adliger und Würdenträger. In der katholischen Kirche wird

Hildegard von Bingen als Heilige und Kirchenlehrerin verehrt. Doch auch in der anglikanischen und evangelischen Kirche wird mit Gedenktagen an sie erinnert.

Königin Boudicca war eine Heerführerin in Britannien, die einen Aufstand gegen die Römer anführte. Am Ende wurde der Boudicca-Aufstand jedoch von den Römern niedergeschlagen.

Marie-Louise Bourgeois war eine französische Hebamme und Chirurgin. Sie war im 17. Jahrhundert eine der bekanntesten Hebammen Europas. Sie löste mit ihrem Hebammenbuch das im 12. Jahrhundert von der ersten Ärztin Trotula von Salerno verfasste Lehrbuch über die Geburtshilfe ab. Ihre wissenschaftlichen Dokumentationen über die Methodik ihres Berufsstands waren der Wegbereiter für die Geburtshilfe vom Mittelalter in die Neuzeit.

Belle Boyd, auch bekannt als La Belle Rebell, arbeitete im Amerikanischen Bürgerkrieg auf der Seite der Südstaaten als Spionin.

Josephine Butler war eine tolerante britische Feministin der Viktorianischen Ära und die Leitfigur in der Kampagne gegen die Gesetze zur Bekämpfung ansteckender Krankheiten. Sie sprach sich gegen die staatliche Reglementierung der Prostitution in England aus. Doch war sie ebenso engagiert im Kampf gegen die Sklaverei.

Hedwig Dohm wurde 1831 in Deutschland als drittes Kind eines Tabakhändlers und seiner Frau von insgesamt achtzehn Kindern geboren. Sie war eine Vordenkerin des Feminismus in Deutschland. Zeit ihres Lebens beteiligte sie sich als Frauenrechtlerin, Pazifistin und Autorin an vielen politischen Diskussionen. Hedwig Dohm forderte gleiche Bildung für Mädchen und Jungen. Sie war überzeugt davon, dass die wirtschaftliche Unabhängigkeit der Frauen der einzige Weg war, um nicht zwangsläufig im *Ehegefängnis* zu landen. Sie trat dafür ein, dass sich Frauen aus freien Stücken für oder gegen eine Partnerschaft entscheiden konnten.

Amelia Earhart war eine US-amerikanische Flugpionierin mit zahlreichen Rekorden. Sie war auch Schriftstellerin und Frauenrechtlerin. 1932 war Amelia Earhart die erste Frau, die alleine über den Atlantik flog. Anfang Juli 1937 ist sie im Alter von 39 Jahren beim Versuch einer Weltumrundung auf der Route Howland Island – United States – Minor Outlying Islands mit ihrem Flugzeug verschollen.

Elisabeth I., Königin von England, ging auch als „jungfräuliche" Königin in die Geschichte ein. Sie regierte von 1558 bis an ihr Lebensende. Ihre Mutter wurde hingerichtet, als sie drei Jahre alt war. Elisabeth wurde nach der Hinrichtung ihrer Mutter als Bastard erklärt und zusammen mit ihrer älteren Halbschwester Maria von der Thronfolge ausgeschlossen. Ihr Vater Heinrich VIII. wollte einen Sohn als Nachfolger. Erst unter dem Einfluss von Heinrichs sechster und letzter Frau Catherine Parr reihte man sie durch einen Parlamentsbeschluss im Jahr 1544 wieder in die Thronfolge ein.

Elisabeth II., Königin von England, stand bei ihrer Geburt nur an dritter Stelle der britischen Thronfolge. Elisabeth II. regiert bereits seit 1952. Seit Januar 2015 ist sie die älteste amtierende Monarchin der Welt.

Dorothea Christiane Erxleben ist die erste promovierte Ärztin in Deutschland und eine Pionierin des Frauenstudiums. Sie lebte im 18. Jahrhundert. Dorothea Christiane Erxleben trat als Ärztin in die Fußstapfen ihres Vaters.

Vigdís Finnbogadóttir war Präsidentin von Island und damit das erste demokratisch legitimierte weibliche Staatsoberhaupt eines europäischen Landes.

Olympe de Gouges oder auch **Marie Gouze** war eine französische Revolutionärin, Frauenrechtlerin und populäre Schriftstellerin, die im Jahr 1791 die Gleichberechtigung forderte. Sie starb mit 45 Jahren 1793 in Paris auf dem Schafott.

Maria Christina von Habsburg oder auch **Maria Christina von Österreich** war durch ihre Ehe mit König Alfons XII. Königin von Spanien und nach dessen Tod dann Regentin für ihren Sohn König Alfons XIII. Ihre Macht als Königin nutzte sie sinnvoll. Die Krise, die Spanien schon zu ihrer Regentschaft erfasste, konnte sie leider nicht abwenden.

Hildegard Hamm-Brücher war Mitglied der FDP. In den Jahren 1976 bis 1982 war sie als Staatsministerin im Auswärtigen Amt tätig. Hildegard Hamm-Brücher gilt als Grande Dame der Liberalen. 1994 kandidierte sie für die FDP für das Amt des Bundespräsidenten – da sie im ersten und zweiten Wahlgang zu wenige Stimmen bekam, verzichtete sie letztlich auf Anraten der Parteispitze auf den dritten Durchgang und machte somit Platz für Roman Herzog. Aus Protest an der Parteiführung verließ sie 2002 nach über 54 Jahren Parteizugehörigkeit die FDP. Ihre ehrenamtlichen Aktivitäten sind groß. So wird zum Beispiel seit 2009 von dem *Förderverein Demokratisch Handeln e.V.* der *Hildegard Hamm-Brücher-Förderpreis für Demokratie lernen und erfahren* an soziale Einrichtungen verliehen.

Hatschepsut war die Tochter von Pharao Thutmosis I. und regierte über Ägypten als Pharao Hatschepsut, was so viel bedeutet wie: *Die erste der vornehmen Frauen*. Sie wird der 18. Dynastie zugerechnet.

Flavia Iulia Helena, besser bekannt als die heilige Helena, lebte im 3. Jahrhundert. Sie kam aus ärmlichen Verhältnissen und war die Mutter des römischen Kaisers Konstantin, der einer Beziehung mit dem römischen Offizier Constantinus entsprang. Ob die beiden verheiratet waren, ist umstritten.

Die **heilige Begga von Heristal** gilt als Stammmutter der Karolinger. Sie war die Großmutter von Karl Martell und ist somit eine Urahnin von Karl dem Großen. Sie gründete 690/691, kurz vor ihrem Tod, das Kloster Andenne an der Maas.

Caroline Herschel war eine bedeutende Astrologin. Sie war die erste Frau, die berufsmäßig als Astronomin arbeitete und dafür ein Gehalt erhielt, wenn auch als Assistentin ihres Bruders Wilhelm Herschel. Caroline Herschel starb im Jahr 1848.

Shere Hite ist eine deutsche Sexualwissenschaftlerin und Feministin aus den USA, die mit ihren Studien der siebziger Jahre Aufsehen erregte und insbesondere durch ihre „Hite-Reports“ bekannt wurde. 2015 feierte sie ihren 73. Geburtstag.

Iskallatu war Königin der Araber. Über ihr Leben ist nicht viel bekannt.

Marie Juchacz war eine deutsche Sozialreformerin, Frauenrechtlerin und SPD-Politikerin. 1919 war sie ein Gründungsmitglied und die erste Vorsitzende der *Arbeiterwohlfahrt*. Nach der Machtübernahme Hitlers wurde die *Arbeiterwohlfahrt* zwangsaufgelöst. Maria Juchacz flüchtete über Frankreich in die USA. In New York war sie 1945 eines der Gründungsmitglieder der *Arbeiterwohlfahrt USA – Hilfe für die Opfer des Nationalsozialismus.* Diese unterstützte nach dem Ende des Zweiten Weltkriegs Deutschland mit Paketsendungen. 1949 kehrte sie nach Deutschland zurück. Zahlreiche Ehrungen wurden ihr zuteil. Unter anderem wurden mehrere Straßen nach ihr benannt.

Raden Adjeng Kartini war eine indonesische Aristokratin und Frauenrechtlerin, die sich unter anderem 1903 mit der Gründung einer Mädchenschule für die Schulbildung indonesischer Mädchen und gegen die Polygamie einsetzte. Jährlich wird sie heute an ihrem Geburtstag landesweit in den indonesischen Schulen als Nationalheldin gefeiert. Sie wurde nicht alt. Im Alter von nur fünfundzwanzig Jahren starb sie in Rembang, Java.

Katharina von Alexandria ist eine der bekanntesten Heiligen. Sie wird sowohl von der katholischen als auch von der orthodoxen Kirche als Märtyrin verehrt. Sie gehört zu den sogenannten vier großen heiligen Jungfrauen und zählt zu den vierzehn heiligen Nothelfern. Sie gilt als Helferin bei Zungenleiden und Sprachschwierigkeiten. Ferner ist sie die Schutzpatronin der Schulen, der Philosophischen Fakultäten, der Näherinnen und Schneiderinnen. Der Überlieferung nach lebte sie im frühen 4. Jahrhundert und starb unter dem römischen Kaiser Maxentius einen Märtyrertod. Ob die heilige Katharina von Alexandria wirklich gelebt hat, ist ziemlich umstritten, jedoch tut das der Beliebtheit der Nothelferin keinen Abbruch.

Katharina von Aragon war eine spanische Prinzessin, deren Eltern mit der Ehe ihrer Tochter das Bündnis zwischen

England und dem gerade entstehenden Spanien festigen wollten. Katharina von Aragon und Arthur heirateten beide im Alter von fünfzehn Jahren. Als Arthur nur vier Monate nach der Eheschließung starb, wurde sie Jahre später die erste Ehefrau von König Heinrich VIII. von England.

Katharina die Große – Zarin Katharina II. – war die erste und bislang einzige Herrscherin, die den Beinamen *die Große* erhielt. Katharina II. stammte aus Preußen und entmachtete ihren eigenen Ehemann, den Zaren Peter III., um selbst den russischen Kaiserthron zu besteigen.

Rosa Kerschbaumer-Putjata, die in Moskau geboren war, war die erste zugelassene Medizinerin Österreichs. Sie arbeitete als Augenärztin.

Kleopatra VII. war die letzte Königin der Ptolemäer in Ägypten und der letzte weibliche Pharao. Sie wurde bekannt durch ihre Liebschaften mit Julius Cäsar und Marc Anton. Sie versuchte, sich in Ägypten gegen das Römische Reich zu behaupten.

Louise Labé gilt bis heute als eine der bedeutendsten Lyrikerinnen Frankreichs.

Äbtissin Herrad von Landsberg erarbeitete ein europäisches Lexikon, das „Hortus Deliciarum“, ein Werk, das das gesamte Wissen ihrer Zeit vereinigen sollte.

Helene Lange war eine deutsche Frauenrechtlerin, Politikerin und Pädagogin, die sich für eine bessere Schulbildung von Mädchen und Frauen einsetzte. Sie bewirkte für Mädchen und Frauen die Zulassung zum Abitur und Studium. Sie publizierte mit ihrer Lebensgefährtin das „Handbuch der Frauenbewegung“. 1890 war sie eine der Mitbegründerinnen des *Allgemeinen deutschen Lehrerinnenvereins*. Helene Lange gilt als eine der wichtigsten Persönlichkeiten der deutschen Frauenbewegung.

Königin Luise von Preußen geborene Luise Auguste Wilhelmine Amalie, Herzogin zu Mecklenburg, gehörte neben Friedrich dem Großen zu den populärsten Herrschergestalten Preußens. Prinzessin Luise Ulrike von Preußen war die fünfte von sechs Schwestern von Friedrich dem Großen. Durch ihre Heirat mit König Adolf Friedrich wurde sie Königin von Schweden. Sie wurde in einen Staatsstreich ihres Sohnes verstrickt. Auf Drängen ihres Bruders kehrte Luise nach dem Tod ihres Mannes Schweden den Rücken und ging nach 28-jähriger Abwesenheit wieder in ihre preußische Heimat zurück. Das Verhältnis zu ihrem ältesten Sohn Gustav III. war durch den kurz nach seiner Thronbesteigung gegen die Macht der Stände gerichteten Staatsstreich angespannt. Sie starb im Alter von 62 Jahren.

Rosa Luxemburg wurde als *Rozalia Luksenburg* in Zamość im Königreich Polen geboren. Sie war eine Frau mit Herz und Verstand. Rosa Luxemburg war eine einflussreiche Vertreterin der europäischen Arbeiterbewegung. Sie wandte sich gegen militaristische Tendenzen innerhalb der Gesellschaft und der Politik. Sie wollte keine revolutionäre Umgestaltung in eine klassenlose Gesellschaft und erst recht keine die untere Volksschicht ansprechende, parteipolitische Organisation, in der sich einzelne nationale Parteien mit sozialistischer Ausrichtung in einem Bund zusammenschlossen. Ab 1887 wirkte sie in der polnischen, ab 1898 auch in der deutschen Sozialdemokratie mit. Sie bekämpfte von Beginn an den Nationalismus. Sie bekämpfte ferner Menschen, die ihre Fahne geschickt in den Wind hingen, und ebenso Menschen, die geltende historische, politische oder wissenschaftliche Erkenntnisse und/ oder Positionen infrage stellten, um diese neu zu bewerten oder umzudeuten. Sie trat ferner für Massenstreiks als Mittel sozialpolitischer Veränderungen und zur Kriegsverhinderung ein. 1914, nach Beginn des Ersten Weltkriegs, gründete Rosa Luxemburg die *Gruppe Internationale*. Am Abend nach der Abstimmung der Kriegskredite lud sie sechs befreundete Kriegsgegner der SPD in ihre Berliner Wohnung ein. Dieser Abend war die Geburtsstunde der Keimzelle des späteren *Spartakusbunds*. Die Gruppe um Rosa Luxemburg bejahte die Oktoberrevolution, kritisierte jedoch die Parteidiktatur Lenins und der Bolschewiki. In der Berliner Novemberrevolution versuchte sie als Chefredakteurin der Zeitung *Die Rote Fahne* auf das Zeitgeschehen Einfluss zu nehmen. Als Autorin des *Spartakusbund-Programms* forderte sie ab Mitte Dezember 1918 eine Räterepublik und die Entmachtung des Militärs. Sie war 1919 eine der Mitbegründerinnen der Kommunistischen Partei Deutschlands. Die KPD nahm Rosa Luxemburgs Programm an, lehnte jedoch die von ihr geforderte Teilnahme an den bevorstehenden Parlamentswahlen ab. Als der Spartakusaufstand, auch bekannt als Januaraufstand, Mitte Januar 1919 blutig niedergeschlagen wurde, wurde Rosa Luxemburg am selben Tag, nachdem sie verhört und schwer misshandelt worden war, von Angehörigen der Garde-Kavallerie-Schützen-Division ermordet. Unvergessen ist ihr Satz: „Freiheit ist immer die Freiheit der Andersdenkenden!"

Königin Maria I. Tudor war die Tochter von König Heinrich VIII. und seiner ersten Frau Katharina von Aragon und wurde vom eigenen Vater zum Bastard erklärt. Sie war die erste Königin Englands, die aus eigenem Recht gekrönt wurde. Fünf Jahre lang saß sie als Königin von England auf dem Thron.

Aufgrund ihrer rücksichtslosen Religionspolitik gegenüber den Protestanten wurde sie unter dem Namen *Bloody Mary* bekannt.

Mathilde von England war die Tochter der Eleonore von Aquitanien. Sie war mit dem Herzog von Braunschweig, auch bekannt als Heinrich der Löwe, verheiratet.

Grace O'Malley, auch **Gráinne Mhaol** genannt, war eine irische Piratin, Clanchefin und wichtige Person der irischen Geschichte. Sie lebte zur gleichen Zeit wie Königin Elisabeth I. von England. Über sie gibt es zahlreiche Balladen, Gedichte und Sagen in der irischen Geschichte. Sie wurde einst von der irischen Kirche totgeschwiegen. In Grace O'Malleys Heimatland, im Westen Irlands in Louisburgh, Grafschaft Mayo am Atlantik, ist heute ein Museum zu finden, das ihr gewidmet ist.

Maria Mitchell war die erste professionelle US-amerikanische Astronomin. Sie war aktive Frauenrechtlerin und eine der angesehensten Wissenschaftlerinnen Amerikas im 19. Jahrhundert.

Friederike Caroline Neuber war Theaterchefin. Sie gilt als Mitbegründerin des regelmäßig stattfindenden deutschen Schauspiels.

Pharao Nitokris galt als Königin der 6. Dynastie. Sie regierte Ägypten 2180 vor Christus. Pharao Nitokris war die erste Frau, die je als Pharao regierte.

Pharao Nofrusobek regierte im Mittleren Reich über Ägypten. Sie war der zweite weibliche Pharao nach Nitokris. Sie diente Tausret und Hatschepsut als Vorbild.

Annie Oakley war eine amerikanische Scharfschützin. Als Titelheldin des Musicals „Annie Get Your Gun" gelangte sie zu Weltruhm.

Christabel Pankhurst war eine britische Frauenrechtlerin, Suffragette und im Jahr 1903 Mitgründerin der radikalbürgerlichen *Women's Social and Political Union,* die für das Frauenwahlrecht kämpfte. Sie war die Tochter der Frauenrechtlerin Emmeline Pankhurst.

Emmeline Pankhurst war eine britische Frauenrechtlerin, Suffragette und im Jahr 1903 Mitgründerin der radikalbürgerlichen *Women's Social and Political Union,* die für das Frauenwahlrecht kämpfte – ebenso wie ihre Töchter Christabel und Sylvia.

Sylvia Pankhurst war die jüngere Schwester von Christabel Pankhurst und Tochter von Emmeline Pankhurst. Wie ihre streitbaren Familienmitglieder widmete auch sie ihre Zeit der *Women's Social and Political Union.* Doch im Gegensatz zu ihrer Mutter und ihrer Schwester behielt sie ihr Interesse an der Arbeiterbewegung bei. Sylvia Pankhurst schloss sich einer linkskommunistischen Bewegung an und wurde aus ihrer Organisation ausgeschlossen. Sie entwickelte sich seinerzeit zu einer sehr wichtigen Figur in der kommunistischen Bewegung.

Christine de Pizan war eine der bedeutendsten französischen Schriftstellerinnen und Philosophinnen im 15. Jahrhundert. Sie gilt als eine der ersten Schriftstellerinnen Frankreichs, die vom Verkauf ihrer Werke leben konnten. Ferner gilt sie als die erste Frauenrechtlerin der Geschichte.

Gerta Pohorylles oder auch **Gerda Taro,** war Kriegsfotografin.

Sie starb während des Spanischen Bürgerkriegs in El Escorial. Ihr Lebensgefährte Robert Capa gelangte später durch seine Kriegsreportagen zu Weltruhm.

Augusta Aelia Pulcheria war Kaiserin des Oströmischen Reiches und betrat als Regentin für ihren Bruder Kaiser Theodosius II. den Thron.

Trotula von Salerno gilt als erste große Medizinerin des Mittelalters. Über sie ist nur wenig bekannt. Angeblich war sie mit dem Arzt Johannes Platearius verheiratet. Gemeinsam sollen sie zwei Söhne gehabt haben, die ebenfalls medizinische Abhandlungen zu Papier gebracht haben sollen. Fakt ist, dass Trotula selbst ein Standardwerk über die Geburtshilfe schrieb.

Swetlana Jewgenjewna Sawizkaja war nach Walentina Tereschkowa die zweite Frau im Weltraum. Sie war die erste Frau, die einen Weltraumausflug unternahm. Sawitskaya war zwei Mal im All.

Mildred Scheel war nicht nur die Frau des Bundespräsidenten, sie war viel mehr! Sie war eine promovierte Ärztin und Gründerin der *Deutschen Krebshilfe*. Sie war und ist eine der bekanntesten und populärsten Frauen der deutschen Nachkriegsgeschichte. Ihre Institution hat es sich zur Aufgabe gemacht, den Krebs zu erforschen und zu bekämpfen. Mildred Scheel erhielt mehr als zwanzig Staatsorden. 1976 wurde ihr der Bambi überreicht. In den Jahren 1977, 1978 und 1979 wurde Mildred Scheel in Folge zur *Frau des Jahres* gewählt. Nach ihr wurde sowohl in Dresden als auch in Bonn eine Straße benannt. Des Weiteren tragen sowohl Berufsschulen in Solingen und Böblingen als auch eine Realschule in Neuss ihren Namen. Die Universität Maryland verlieh ihr 1980, fünf Jahre vor ihrem Tod, die Ehrendoktorwürde.

Auguste Schmidt war eine deutsche Pädagogin und Pionierin der deutschen Frauenbewegung. Sie gründete gemeinsam mit Louise Otto-Peters 1865 den *Allgemeinen Deutschen Frauenverein*, der sich für die Bildung und Rechte von Frauen einsetzte.

Alice Schwarzer ist die wohl bekannteste zeitgenössische deutsche Feministin. Unter anderem ist sie die Gründerin und Herausgeberin der Frauenzeitschrift *EMMA*.

Ulrika Eleonore von Schweden bestieg den schwedischen Königsthron nach dem Tod ihres Bruders König Karl XII. Allerdings endete ihre Regierungszeit recht schnell. Sie ließ sich von ihrem eigenen Mann vom Königsthron verdrängen. Doch sie war klug genug, die Überlassung des Throns an eine Bedingung zu knüpfen: Falls ihr Mann vor ihr sterben sollte, wollte sie selbst wieder den Thron besteigen.

Marquise de Sévigné, gebürtige Marie de Rabutin-Chantal, gehörte dem französischen Hochadel an. Sie pflegte über mehrere Jahre einen Briefwechsel mit ihrer Tochter. Dieser gibt uns tiefe Einblicke in die Zeit am französischen Hof des Sonnenkönigs Ludwig XIV. Ihre Briefveröffentlichungen werden zu den Klassikern der französischen Literatur gerechnet.

Kate Sheppard wurde Mitte März 1847 in Liverpool geboren. Sie war Sozialreformerin, Suffragette und die erste Präsidentin des *National Council of Women* in Neuseeland. 1885 traf sie ihre Gesinnungsgenossin Mary Leavitt. Sie gründeten die *Women's Christian Temperance Union of New Zealand*. Den beiden Frauen wurde schnell klar, dass sie politisch mehr erreichen konnten, wenn Frauen das aktive Wahlrecht innehatten und auch selbst gewählt werden konnten. 1887 gründeten sie in Neuseeland das *Franchise Department*, eine Wahlrechtsabteilung innerhalb der *Women's Christian Temperance Union of New Zealand*. Kate Sheppard wurde deren Leiterin. Von nun an führte sie Kampagnen für das uneingeschränkte Wahlrecht für Frauen in Neuseeland. Zwischen 1888 und 1893 reichte die engagierte Frauenrechtlerin fünf Parlamentspetitionen ein. In der fünften Kampagne, im Jahr 1893, bekam sie fast 32.000 Unterschriften ihrer Mitstreiterinnen. Fast ein Drittel aller neuseeländischen Frauen über 21 Jahre hatte die Petition unterschrieben. Durch diesen unglaublichen Erfolg änderten die männlichen Parlamentarier Mitte September 1893 das Wahlrecht entsprechend. Sie führten das aktive Wahlrecht für Frauen ein. Neuseeland war – von den Pitcairninseln im Südpazifik abgesehen – das erste Land der Welt, in dem Frauen das aktive Wahlrecht zugestanden wurde. Ein Erfolg, der sich auch in der folgenden Wahlbeteiligung niederschlug. Ungefähr 85 Prozent aller wahlberechtigten Frauen über einundzwanzig Jahre ließen sich zur Wahl registrieren. 65 Prozent von ihnen nahmen ihr erkämpftes Recht wahr und gingen 1893 zur Wahl. Kate Sheppard starb in Neuseeland. 1990 wurde im Zuge von Banknotenerneuerungen der Reserve Bank of New Zealand beschlossen, ihrer zu gedenken. Seither ziert Kate Sheppard die Vorderseite der neuseeländischen Zehndollarnote.

Charlotte Heidenreich von Siebold gilt als eine der ersten Frauenärztinnen Deutschlands. Sie trat in die Fußstapfen ihrer berühmten Mutter Regina Josepha von Siebold. In Darmstadt wurde nach ihr eine Straße benannt – die Heidenreichstraße. Die Medizinische Fakultät der Universität Göttingen legt seit 2006 das *Heidenreich von Siebold-Programm* zur Förderung von Wissenschaftlerinnen auf.

Regina Josepha von Siebold war Hebamme. Sie war die erste Frau Deutschlands, die die Ehrendoktorwürde der Entbindungskunst – heute Geburtshilfe – erhielt.

Justine Siegemund, auch **die Siegemundin** genannt, lebte im 17. Jahrhundert. Sie schrieb das erste deutsche Lehrbuch für Hebammen. Es war der erste medizinische Text auf Deutsch, der von einer Frau verfasst wurde.

Agnés Sorel war die offizielle Geliebte des französischen Königs Karl VII. Sie hatte einen großen Einfluss am französischen Königshof. Nachdem sie sechs Jahre die Geliebte des Königs von Frankreich war, erlag sie 1450 einer Quecksilbervergiftung. Sie gebar Karl VII. vier Kinder.

Edith Stein war eine deutsche Philosophin, Frauenrechtlerin und eine Heilige der römisch-katholischen Kirche, die sich für die Verständigung zwischen Juden und Christen einsetzte. Anfang August 1942 starb sie im Konzentrationslager Auschwitz-Birkenau im Alter von fünfzig Jahren. Sie wird heute als eine Schutzpatronin Europas und als Brückenbauerin zwischen dem Juden- und dem Christentum verehrt.

Helene Stöcker war eine deutsche Frauenrechtlerin, Pazifistin, Sexualreformerin und Gründerin des *Bundes für Mutterschutz*. Sie setzte sich für unverheiratete Mütter und uneheliche Kinder ein.

Maria Stuart, die schottische Königin, stand als Katholikin im ständigen Konflikt mit der protestantischen Königin Elisabeth I. von England. Am Ende wurde Maria Stuart eine Verschwörung gegen Elisabeth I. zum Verhängnis.

Megawati Sukarnoputri war in den Jahren 2001 bis 2004 die erste Präsidentin der Republik Indonesien.

Rita Süssmuth war unter anderem Bundesministerin im Bundesministerium für Jugend, Familie, Frauen und Gesundheit, bevor sie von 1988 bis 1998 das Amt der Präsidentin des Deutschen Bundestags innehatte. Ihre Amtszeit auf dieser Position war mit fast zehn Jahren die zweitlängste in der Geschichte des Bundestages. Heute setzt sie sich immer noch für die Rechte der Frauen ein. Auch war sie eine der Politikerinnen, die die Menschen mit diversen Aidskampagnen wachrüttelte und die Erkrankten nicht als eine aussätzige Randgruppe ins Abseits drängte, sondern kontinuierlich aufklärte und sie somit sanft in die Gesellschaft integrierte.

Pharao Tausret führte vor ihrer Thronbesteigung als Regentin mit der Unterstützung eines einflussreichen Beamten die Geschäfte des Landes Ägypten für ihren unmündigen circa vierzehnjährigen Stiefsohn Siptah. König Siptah starb in seinem sechsten Regierungsjahr. Anlässlich des Opet-Festes konnte sich Tausret nach seinem Tod zeremoniell durch die Götter in der Thronfolge bestätigen lassen. Sie erhob Anspruch auf die Königswürde und nahm, wie bereits Hatschepsut 300 Jahre vor ihr, den vollen Pharaonentitel an.

Walentina Wladimirowna Tereschkowa war die erste Frau im Weltraum. Knapp zwei Jahrzehnte bevor die US-Amerikaner die erste Frau ins All schickten, brachte die UdSSR mit Walentina Wladimirowna Tereschkowa eine russische Kosmonautin in die Erdumlaufbahn.

Kaiserin Theophanu übernahm für ihren Sohn Kaiser Otto III. die Regentschaft. Sie war eine der einflussreichsten Herrscherinnen des Mittelalters.

Elisabeth von Thüringen ist eine Heilige. Ihr wird das Rosenwunder zugeschrieben. Die Adlige widmete sich nach dem Tod ihres Mannes Gott und dem Dienst an Bedürftigen.

Alexandrine Tinné war eine niederländische Abenteurerin, Fotografin und Afrikaforscherin. Von ihrer Mutter erbte sie das „Abenteuergen". Sie lebte im 19. Jahrhundert. Ihre große Leidenschaft galt der Erforschung Afrikas. Als erste Frau durchquerte sie die Sahara.

Harriet Tubman wurde in Maryland in den Vereinigten Staaten geboren. Sie war zweimal verheiratet und hatte eine Tochter. Sie war eine US-amerikanische Abolitionistin und Frauenrechtlerin. Selbst 1894 der Sklaverei entflohen, war Harriet Tubman die bekannteste Fluchthelferin der Hilfsorganisation *Underground Railroad*. Ab circa 1849 bis zum Ende des Sezessionskriegs half sie entlaufenen Sklaven aus den Südstaaten in die Nordstaaten der USA oder nach Kanada zu fliehen. In ihren späteren Lebensjahren engagierte sie sich in der Frauenbewegung. Heute zählt sie zu den bekanntesten historischen Persönlichkeiten der USA.

Königin Urraca war die erste aus eigenem Geburtsrecht herrschende Königin. Sie war eine faszinierende Herrscherin im Mittelalter. Sie kämpfte wechselseitig mit ihrer Halbschwester, ihrem Schwager, dem eigenen Mann und zeitweise auch gegen ihren eigenen Sohn. Mal stand Papst Calixtus auf ihrer Seite, mal war er gegen sie.

Veleda unterstützte als germanische Seherin ihr Volk mit Weissagungen im Kampf gegen die Römer.

Cécile Vogt, Neurologin und Hirnforscherin, gilt als die Wegbereiterin für Frauen in der Wissenschaft. Sie gilt auch als Begründerin der modernen Hirnforschung.

Johanna Christiane Sophie Vulpius war mehrere Jahre lang die Lebensgefährtin von Johann Wolfgang von Goethe, bis er sie schließlich im Jahre 1806, nachdem fünf gemeinsame Kinder geboren worden waren, heiratete.

Die **heilige Walburga** überquerte mit ihrem Bruder den Ärmelkanal. Während der Überfahrt sollen neben nicht benannten Nonnen auch die Nonne Hugeburc und Walburgas Verwandte Lioba mit an Bord gewesen sein. Die Fahrt verlief stürmisch, und das Schiff geriet in Seenot. Der Legende nach soll Walburga die ganze Zeit an Deck kniend im Gebet verbracht haben, bis das Schiff sicher in den Hafen von Antwerpen einlief. Aus diesem Grund gilt sie bis heute als Schutzpatronin der Seeleute und als Schutzheilige gegen den Sturm. Die Heiligsprechung Walburgas erfolgte vermutlich Anfang Mai 870 durch Papst Hadrian den II. anlässlich der Umbettung ihrer Knochen.

Die Ordensgründerin **Mary Ward** wurde durch ihre Arbeit zu einer Wegbereiterin einer besseren Bildung für Mädchen. Zahlreiche Schulen tragen ihren Namen. Von Papst Benedikt XVI. wurde ihr Mitte Dezember 2009 der Ehrentitel *Ehrwürdige Dienerin Gottes* zuerkannt, ein wichtiger Schritt im Seligsprechungsprozess.

Hildegard Wegscheider war eine deutsche SPD-Politikerin, Frauenrechtlerin, Schulreformerin und Lehrerin. Sie war die erste Frau Preußens, die mit einer Sondergenehmigung im Jahr 1894 das Abitur ablegen durfte. 1900 gründete sie die erste private Mädchenschule mit gymnasialem Unterricht in Berlin-Charlottenburg. Hildegard Wegscheider gehörte von 1919 bis 1921 der verfassunggebenden preußischen Landesversammlung der SPD an. Ab 1921 war sie Abgeordnete im Preußischen Landtag. Außerdem war sie Vorstandsmitglied des 1919 neu gegründeten *Bundes Entschiedener Schulreformer*. In den Jahren 1929 bis 1933 kehrte Wegscheider als Oberschulrätin in den Berliner Schuldienst zurück. 1933, nach der Machtergreifung der Nationalsozialisten, wurde sie allen Ämtern enthoben. Im März 1949 beteiligte sie sich aktiv am *Internationalen Frauentag* und erläuterte auf dieser Veranstaltung, wie ihr von Heinrich von Treitschke die Immatrikulation in Berlin verwehrt wurde und sie sich aus diesem Grund gezwungen sah, ihr Studium in der Schweiz aufzunehmen. 1952 wurde ihr aufgrund ihres sozialen Engagements, ihrer Leistung und ihres Mutes, die erste Frau Preußens mit Abitur zu werden, das Bundesverdienstkreuz 1. Klasse überreicht.

Wilhelmina, Königin der Niederlande, wurde als Zehnjährige durch den Tod ihres Vaters Thronfolgerin. Ihre Mutter übernahm von 1890 bis 1898 die Regentschaft. 1898 wurde Wilhelmina für volljährig erklärt. Anfang September 1898 wurde sie schließlich Königin. Ihre Regierungszeit wurde von zwei Weltkriegen überschattet. 1944 war sie Stifterin der Auszeichnung *Bronzener Löwe*. 1948 dankte sie zugunsten ihrer Tochter Juliana ab. Sie ist die Urgroßmutter des heutigen Königs Willem-Alexander.

Mary Wollstonecraft-Godwin war eine englische Schriftstellerin mit irischen Wurzeln. Sie war eine Philosophin, Übersetzerin und Frauenrechtlerin. Sie gilt in England als Vorkämpferin für die Rechte der Frau als Staatsbürgerin. Sie trat für die Gleichberechtigung von Mann und Frau ein.

Victoria Claflin Woodhull Martin war eine der führenden US-amerikanischen Frauenrechtlerinnen des 19. Jahrhunderts. Ferner war sie Journalistin, Finanzmaklerin und Spiritistin. Im Jahr 1872 bewarb sie sich als erste Frau um das Amt des US-Präsidenten. Gemeinsam mit ihrer Schwester gründete sie im Jahr 1870 als erste Frau eine Zeitschrift, die *Woodhull & Claflin's Weekly*. Des Weiteren eröffnete sie einige Jahre zuvor, im Jahr 1868, das erste von einer Frau geführte Maklerbüro an der Wall Street.

Margarete von Wrangell war Deutschlands erste ordentliche Professorin. 1923 erhielt sie den Lehrstuhl für Pflanzenernährungslehre an der Landwirtschaftlichen Hochschule Hohenheim gegen den Protest ihrer männlichen Kollegen.

Kaiserin Wu Zetian bestieg im Jahr 690 mit Unterstützung der Buddhisten den Drachenthron. Wu Zetians eigentlicher Name war unbekannt. Nach der Thronbesteigung änderte sie ihren Namen in *Wŭ Zhào*. Sie war die einzige Frau in der Geschichte Chinas, die jemals den Titel „chinesischer Kaiser" trug. Ihr Liebhaber, der politisch einflussreiche Mönch Yue Huaiyi, hatte Schriftrollen gefunden, welche behaupteten, dass der zukünftige Buddha eine Frau sei. Nunmehr fanden sich immer mehr Menschen, die sie auf dem Kaiserthron sehen wollten – obwohl sie eine Frau war. Nachdem sie sich eine Weile formal gegen den Kaisertitel gesträubt hatte, legte sie ihn sich letztlich zu. Ihr Sohn musste abdanken. Der Buddhismus wurde im Gegenzug 691 von ihr zur Staatsreligion erhoben.

Es gab außer Kaiserin Wu Zetian auch andere Frauen in der chinesischen Geschichte, die als Kaiserinnen durch Heirat oder Regentinnen Macht und Einfluss ausübten. Wu Zetian war jedoch die einzige Frau, die den Drachenthron wirklich bestieg und souverän regierte. Es gelang ihr sogar eine eigene Dynastie zu gründen – diese überstand ihren Tod jedoch nicht.

Kaiserin Zauditu war die erste Monarchin Äthiopiens. Des Weiteren war Kaiserin Zauditu die erste Frau, die im Afrika der Neuzeit an der Spitze eines Staates stand. Doch soll sie eine unglückliche Kaiserin gewesen sein. Schnell verlor sie das Interesse an der Tagespolitik. Zudem vertrat sie konservative Ansichten. Der Kronprinz Tafari wollte das Land modernisieren und schaffte die Sklaverei ab. Ferner sorgte er dafür, dass Äthiopien dem Völkerbund beitrat. Kaiserin Zauditu beschäftigte sich stattdessen mit religiösen Angelegenheiten und ließ eine Vielzahl an Kirchen errichten. Sie war infolge eines Putsches schließlich gezwungen, Tafari zum König zu ernennen und ihm die Staatsmacht zu übergeben. Zauditu blieb als Kaiserin jedoch weiterhin nominell Staatsoberhaupt.

Zenobia von Palmyra übernahm für ihren minderjährigen Sohn die Regentschaft. Palmyra erblühte unter ihr zu einer wirtschaftlichen, für Rom bedrohlichen Größe. Dies macht sie zu einer der bekanntesten antiken Frauengestalten. Sie lebte im 3. Jahrhundert vor Christus.

Clara Zetkin war eine einflussreiche sozialistische deutsche Politikerin, Friedensaktivistin und Frauenrechtlerin. Bis 1917 war sie in der SPD aktiv. Dort war sie eine markante Vertreterin der revolutionär-marxistischen Fraktion. 1917 schloss sie sich der SPD-Abspaltung USPD an. In der USPD gehörte sie zum linken Flügel beziehungsweise zur *Spartakusgruppe* von Rosa Luxemburg, die sich 1918 umbenannte in den *Spartakusbund*. Nach dieser Zeit war sie ein einflussreiches Mitglied der

Kommunistischen Partei Deutschlands und von 1920 bis 1933 Reichstagsabgeordnete für diese Partei. Im Jahr 1932 war sie Alterspräsidentin des Parlaments. Nach der Machtergreifung der NSDAP und dem Ausschluss der KPD aus dem Reichstag infolge des Reichstagsbrands 1933 ging sie zum zweiten Mal ins Exil. Erneut ging sie in die Sowjetunion, in der sie bereits von 1924 bis 1929 ihren Hauptwohnsitz hatte. Sie starb wenig später im Alter von fast 76 Jahren. Ihre Urne wurde in der Nekropole an der Kremlmauer in Moskau beigesetzt. Stalin trug die Urne persönlich zur Beisetzung. Clara Zetkin gilt als prägende Initiatorin des *Internationalen Frauentags.*

Begum Khaleda Zia war die erste Premierministerin Bangladeschs. Nach dem Tod ihres Mannes 1981 wurde sie politisch aktiv und bekämpfte die autoritäre Regierung in ihrem Land. Nach einem Wahlboykottaufruf wurde sie 1986 unter Hausarrest gestellt. Sie war maßgeblich an dem Sturz Ershads beteiligt. Khaleda Zia stellte sich zur Wahl und gewann. Als erster weiblicher Premierminister regierte sie in den Jahren 1991 bis 1996. Ab Oktober 2001 regierte sie bis zum Regierungswechsel gemeinsam mit zwei islamistischen Partnern. Eine Koalition, für die sie von liberalen Kräften in ihrem Land stark kritisiert wurde. Ende Oktober 2006 endete ihre Amtszeit.

Die derzeit mächtigsten Frauen der Welt

Zurzeit leben rund 7,3 Milliarden Menschen auf unserem Planeten – und täglich werden es mehr! Laut *Forbes* haben davon lediglich dreiundsiebzig Menschen Einfluss auf unser Weltgeschehen.

Zu den einflussreichsten Menschen der Welt zählen allerdings nur eine Handvoll Frauen ...

Mary Teresa Barra, eine die US-amerikanische Managerin, war *Executive Vice President* bei General Motors. Im Januar 2014 hat sie Daniel Akerson als CEO abgelöst. 2014 wählte die *Time* Mary Barra zu einer der 100 einflussreichsten Führungspersönlichkeiten der Welt. *Forbes* listete sie im Jahr 2014 als Nummer sieben der einflussreichsten Frauen der Welt auf. Interessant ist, dass Mary Teresa Barra aus einfachen Verhältnissen stammt und eine Migrantentochter ist. Ihre Eltern stammen aus Finnland, ihr Vater arbeitete als Schlosser für Pontiac. 1981 begann sie – wie Jahre zuvor ihr Vater – ihre berufliche Tätigkeit bei Pontiac. Sie studierte Elektrotechnik am General Motors Institute. Mit einem Stipendium von General Motors folgte 1990 der *Master of Business Administration*, den sie an der *Stanford Graduate School of Business* erwarb. Aktuell gehört sie dem Aufsichtsrat des deutschen GM-Tochterunternehmens *Adam Opel AG* an.

Margaret Chan Fung Fu-chun ist seit 2006 Generaldirektorin der Weltgesundheitsorganisation. Im Mai 2012 wurde sie für eine zweite Amtsperiode bis Ende Juni 2017 gewählt. Sie ist die erste Chinesin, die einer UN-Sonderorganisation vorsteht. Margaret Chan schloss ihr Medizinstudium an der kanadischen Universität von West-Ontario ab. 1978 kehrte sie nach Hongkong zurück und trat in die Gesundheitsbehörde der damaligen britischen Kronkolonie ein. In den Jahren 1994 bis 2003 war sie Gesundheitsdirektorin in der Regierung Hongkongs. In dieser Funktion war sie 1997 auch für die Bekämpfung der Vogelgrippe H5N1 und 2003 von SARS verantwortlich. Im selben Jahr verließ sie ihr Amt, um bei der WHO eine Stelle als Direktorin in der Abteilung *Schutz der menschlichen Umwelt* anzunehmen. 2005 wurde sie Direktorin der WHO-Abteilung Überwachung und Bekämpfung von übertragbaren Krankheiten sowie Stellvertreterin des Generaldirektors für den Bereich *Grippe-Pandemie.* Sie ist jedoch in ihrer Position umstritten.

Hillary Diane Rodham Clinton, US-amerikanische Politikerin der *Demokratischen Partei*, ist die Ehefrau des früheren US-Präsidenten Bill Clinton. Die beiden sind seit 1975 verheiratet. Von 1993 bis 2001 war sie die First Lady der Vereinigten Staaten. Doch sie ist viel mehr als eine ehemalige First Lady. Hillary Clinton ist Rechtsanwältin in der renommierten Anwaltskanzlei *Rose* in Little Rock. Des Weiteren ist sie als Professorin an der *Law School* der University of Arkansas in Fayetteville tätig. Erste Erfahrungen in der Politik sammelte sie 1974 in Washington, als sie als Rechtsberaterin für den Justizausschuss des amerikanischen Repräsentantenhauses tätig war. Ihre Aufgaben bestanden darin, zusammen mit ihren Kollegen Beweise gegen Präsident Richard Nixon und die Watergate-Affäre zusammenzustellen. Die Ergebnisse ihrer Untersuchungen sollten das Amtsenthebungsverfahren stützen. Als ihr Mann 1978 zum Gouverneur von Arkansas gewählt wurde, legte Hillary Clinton ihre Lehrtätigkeit als Juraprofessorin nieder. In den Jahren 1979 bis 1981 und von 1983 bis 1992 war sie First Lady von Arkansas. In dieser Zeit bekleidete ihr Mann Bill dort das Amt des Gouverneurs. Von

1986 bis 1992 gehörte sie dem Aufsichtsrat der Supermarktkette „Wal-Mart“ an. Mitte April 2015 kündigte Hillary Clinton an, sich nach 2008 ein zweites Mal um die Kandidatur der im November 2016 anstehenden Präsidentschaftswahl zu bewerben.

Bereits vor Bekanntgabe ihrer Kandidatur, die weltweit ein großes Echo findet, wurde darüber spekuliert. Hillary Clinton ist die erste Politikerin aus den Reihen der *Demokratischen Partei*, die ihre Ambitionen auf das Weiße Haus öffentlich macht. Doch auch aus den eigenen Reihen wird dem einen oder anderen Parteikollegen ein Interesse an der Präsidentschaft nachgesagt. Derzeit liegt Hillary Clinton in allen innerparteilichen Umfragen deutlich in Führung. Politische Beobachter bescheinigen ihr beste Chancen auf die anstehende Präsidentschaftskandidatur ihrer Partei. Wenn man den allgemeinen Umfragen Glauben schenken darf, führte sie zwischen den Jahren 2013 und 2015 in den Umfragewerten vor ihren potenziellen republikanischen Herausforderern. Darüber hinaus ist es Hillary Clinton gelungen, die bisher mit Abstand meisten Wahlkampfgelder zu sammeln. Der amtierende Präsident Barack Obama, der nach zwei Amtszeiten nicht erneut antreten darf, erklärte vor Kurzem: Hillary Clinton wäre im Falle eines Wahlsieges eine exzellente Präsidentin.

Tsai Ing-wen ist Vorsitzende der Demokratischen Fortschrittspartei. Mitte Mai 2016 tritt sie als erstes weibliches Staatsoberhaupt Taiwans ihr Amt als Präsidentin an. Ihre Vita ist beachtlich! Nach ihrem Jurastudium erwarb Tsai Ing-wen ihren Masterabschluss an der Cornell University in den USA. Später promovierte sie an der *London School of Economics and Political Science*. In ihre Heimat Taiwan zurückgekehrt, lehrte sie Rechtswissenschaften an der Soochow-Universität und der staatlichen National Chengchi University. Ab 1993 war sie als Beraterin des damaligen Präsidenten Lee Teng-hui tätig. Nach der Regierungsübernahme der DPP im Jahr 2000 wurde Tsai Ing-wen vom neuen Präsidenten Chen Shui-bian als parteilose Ministerin für den Bereich Festlandangelegenheiten ins Kabinett berufen. 2004 trat sie der DPP bei und war für kurze Zeit Abgeordnete im Legislativ-Yuan. Unter dem damaligen Premierminister war sie bis zum kollektiven Rücktritt des Kabinetts im Jahr 2007 Vizeministerin. Nach einer Niederlage ihrer Partei bei der Präsidentenwahl 2008 wurde sie zur neuen Parteivorsitzenden der DPP gewählt. Im November 2010 kandidierte Tsai Ing-wen für das Bürgermeisteramt der Stadt Neu-Taipeh. Sie musste sich jedoch dem Kandidaten der KMT geschlagen geben. Im April 2011 wurde Tsai Ing-wen von ihrer Partei zum ersten weiblichen Kandidaten für das Präsidentenamt in der Geschichte der Republik China bestimmt. In der Präsidentschaftswahl 2012 unterlag sie dem amtierenden Präsidenten. Nach ihrer Niederlage trat sie von ihrem Amt als Parteivorsitzende der DPP zurück. Im Frühjahr 2014, nach der Sonnenblumenbewegung, kündigte Tsai Ing-wen an, erneut für den Parteivorsitz zu kandidieren. Ende Mai 2014 setzte sie sich mit 93 Prozent der Stimmen gegen ihren einzigen Gegenkandidaten durch. Sie wurde zum zweiten Mal Vorsitzende der DPP. Am 15. April 2015 wurde sie erneut als Präsidentschaftskandidatin aufgestellt. Bei den Wahlen Mitte Januar 2016 setzte sie sich mit großer Mehrheit gegen ihre zwei männlichen Gegenkandidaten durch.

Christine Madeleine Odette Lagarde trat 1981 nach ihrem Studium als Rechtsanwältin in das Pariser Büro der US-Kanzlei *Baker & McKenzie* ein. Von 1999 bis 2004 war sie Präsidentin der Geschäftsführung und ab 2004 Vorsitzende des *Global Strategy Committee* von *Baker & McKenzie* in Chicago. Ferner war sie ab 1995 sieben Jahre lang Mitglied der Denkfabrik

Center for Strategic and International Studies – gemeinsam mit Zbigniew Brzezinski führte sie das Aktionskomitee USA-EU-Polen an. Besonders lag ihr die Arbeitsgruppe *Rüstungsindustrie USA-Polen* in den Jahren 1995 bis 2002 am Herzen. Ferner war sie im Jahr 2003 Mitglied der *Euro-Atlantic Action Commission* in Washington. Von Juni 2005 bis Mai 2007 war Christine Madeleine Odette Lagarde beigeordnete Ministerin für Außenhandel in der Regierung de Villepins. Von Mai bis Juni 2007 war sie Ministerin für Landwirtschaft und Fischerei in der Regierung Fillons. Nach einer Regierungsumbildung Mitte Juni 2007 war sie bis Ende Juni 2011 Ministerin für Wirtschaft und Finanzen. Nun ist die französische Politikerin und Rechtsanwältin seit Juli 2011 geschäftsführende Direktorin des Internationalen Währungsfonds, kurz: IWF. Sowohl beim IWF als auch in der französischen Regierung war beziehungsweise ist sie die erste Frau in der jeweiligen Position.

Angela Merkel darf selbstverständlich bei der Aufzählung der mächtigsten Frauen der Welt nicht fehlen! Geboren wurde die deutsche Bundeskanzlerin als Angela Kasner im Jahre 1954 in Hamburg-Barmbek-Nord. Eine berufliche Neuorientierung ihres Vaters verschlug sie kurz nach ihrer Geburt in den Osten. Nach Templin. Sie überwand während ihrer Schulzeit das eine oder andere Hindernis. Als Schulkind und Jugendliche wurde sie von Lehrern und Mitschülern als unauffällig und sozial beschrieben. Auffallend waren ihre herausragenden schulischen Leistungen, insbesondere in Russisch und Mathematik. Sie gewann Russisch-Olympiaden auf verschiedenen Ebenen bis zur DDR-Ebene. Merkel machte ihr Abitur und studierte Physik. Sie war ein Zögling Lothar de Maizières. Nach der Maueröffnung trat sie der CDU bei. Wegbegleiter wunderten sich über diesen Beitritt. Sie siedelten Angela Merkel eher bei den

Grünen an. Angela Merkel wurde *Kohls Mädchen*. Aus dieser Position stieg sie zu Recht zur mächtigsten Frau der Welt auf!

Angela Merkel ist seit November 2005 in Amt und Würden. Sie ist mittlerweile in der dritten Amtsperiode deutsche Bundeskanzlerin. Sie ist die erste Frau, die dieses Amt in Deutschland jemals bekleidete.

Virginia Rometty, genannt „Ginni" Rometty, ist eine US-amerikanische Informatikerin, Elektrotechnikingenieurin und Wirtschaftsmanagerin. 1979 erreichte sie an der *Robert R. McCormick School of Engineering and Applied Science* der Northwestern University einen prämierten Bachelorabschluss in Informatik und Elektrotechnik. Zunächst war sie nach ihrem Studium bei General Motors Institute beschäftigt. 1981 wechselte sie als Systemingenieurin zu IBM. 1991 ging sie in die Wirtschaftsberatungssparte des Konzerns – zur IBM Consulting Group. 2009 wurde Virginia Rometty stellvertretende Präsidentin und Mitglied der Geschäftsleitung. Sie war zu dieser Zeit verantwortlich für den Bereich Verkauf, Marketing und Strategie. Im Herbst 2011 wurde sie mit Wirkung zum Januar 2012 zum ersten weiblichen CEO und zur Unternehmenspräsidentin von IBM berufen. Das *Forbes Magazin* stellte Virginia Rometty 2012 auf Rang fünfzehn seiner Liste der mächtigsten Frauen der Welt. Das Magazin *Fortune* listet sie seit 2004 jährlich als eine der fünfzig mächtigsten Frauen der Wirtschaftswelt. Im Jahr 2011 lag sie auf Rang sieben. Das amerikanische Magazin „Time" führt sie seit 2012 jährlich in der Liste „Time 100" der einflussreichsten Menschen der Welt auf. Seit Anfang 2012 ist sie CEO und Präsidentin von IBM.

Dilma Vana Rousseff ist eine brasilianische Politikerin der gemäßigt linken sozialdemokratischen *Partido dos Trabalhadores*,

Wirtschaftswissenschaftlerin und seit Januar 2011 Präsidentin Brasiliens. Ihr Werdegang ist beeindruckend!

Nach der Zulassung weiterer politischer Parteien in Brasilien gründete Dilma Vana Rousseff mit anderen die *Partido Democrático Trabalhista,* kurz: PDT. In den Jahren zuvor arbeitete sie als Beraterin der PDT-Abgeordneten im Parlament von Rio Grande do Sul.

1985 war sie in der Stadtregierung von Porto Alegre für die Finanzen zuständig. Das Amt gab sie 1988, als ihr Ehemann Carlos Araújo als Bürgermeister kandidierte, auf. 1989 war sie kurzzeitig Generaldirektorin des Stadtrates von Porto Alegre. Angeblich wurde sie aufgrund ihrer Unpünktlichkeit aus dem Amt entlassen. Im Jahr 1990 war sie Präsidentin des Amtes für Wirtschaft und Statistik (*Fundação de Economia e Estatística,* FEE) von Rio Grande do Sul, und in den Jahren 1993 bis 1994 war sie Ministerin des Bundesstaates für Energie und Kommunikation. Im Anschluss an ihre Amtszeit kehrte sie zur FEE zurück. Ab 1998 war sie erneut Energieministerin in Rio Grande do Sul. Nach Streitigkeiten in ihrer Partei um die Regierungsbeteiligung trat sie 2000 mit anderen Mitgliedern von der *Partido Democrático Trabalhista* zur *Partido dos Trabalhadores* über, die zu dieser Zeit den Gouverneur des Bundesstaates stellte. Nach dem Wahlsieg Lula da Silvas bei der Präsidentschaftswahl 2002 wurde sie zur Energieministerin der Bundesregierung ernannt. Mitte 2005 wechselte sie in das Amt der Kabinettschefin. In beiden Ämtern verfolgte Dilma Rousseff eine auf Wachstum und Stärkung der Industrie ausgerichtete Politik. Sie war mitverantwortlich für den Rücktritt von Marina Silva als Umweltministerin der Bundesregierung. Im März 2010 trat sie im Zuge ihrer Präsidentschaftskandidatur vom Amt der Kabinettschefin zurück. Ihre Amtszeit als Brasiliens Präsidentin endet regulär Ende Dezember 2018.

Park Geun-hye ist seit Ende Februar 2013 amtierende Präsidentin Südkoreas. Sie ist die ehemalige Vorsitzende der konservativen *Saenuri-Partei*. Nach Ausbruch der Asienkrise entschloss sie sich – entgegen ihren ursprünglichen Wünschen –, 1977 in die Politik zu gehen. 1998 wurde sie in die südkoreanische Nationalversammlung gewählt. Dieser gehörte sie bis 2012 an. Im Mai 2000 wurde sie stellvertretende Vorsitzende der *Grand National Party*. Im März 2004 folgte sie Lee Hoi-chang als Vorsitzende der konservativen Partei. 2006 wurde sie im Wahlkampf von einem Geisteskranken mit einem Messer verletzt. Im selben Jahr gewann ihre Partei die Regionalwahlen gegen die regierenden Sozialdemokraten. 2007 kandidierte sie für die Präsidentschaft, unterlag jedoch in einer parteiinternen Vorwahl Lee Myung-bak, der zum Präsidenten Südkoreas gewählt wurde. Im Dezember 2011 wurde sie erneut zur Vorsitzenden der *Grand National Party* gewählt, die sich im Februar 2012 in *Saenuri-Partei* umbenannte. Im Wesentlichen wurde ihr das gute Abschneiden der *Saenuri-Partei* bei den Parlamentswahlen im April 2012 zugeschrieben. Nach den Parlamentswahlen trat sie von ihrem Parteivorsitz zurück. Sie wollte sich ganz auf die Präsidentschaftskandidatur konzentrieren. Im August 2012 wurde sie zur Präsidentschaftskandidatin der *Saenuri-Partei* gewählt und gewann schließlich Mitte Dezember 2012 als erste Frau die Präsidentschaftswahl. Ihre Vereidigung und der Amtsantritt folgten Ende Februar 2013.

2014 wurde Park Geun-hye die Ehrendoktorwürde der Juristischen Fakultät der Technischen Universität Dresden verliehen.

Janet Louise Yellen schloss ihr Wirtschaftsstudium 1967 mit einem Bachelor summa cum laude an der Brown University ab. 1971 erhielt sie an der Yale University ihren *Doctor of Philosophy* und ging im selben Jahr als Dozentin an die Harvard University. 2010 erhielt sie den Adam-Smith-Preis. Seit Februar 2014 ist sie die Präsidentin des *Federal Reserve Board*, kurz: FED. Doch bevor Janet Yellen eine der mächtigsten neun Frauen der Welt wurde, legte sie eine beachtliche Karriere hin!

Mitte der 1970er-Jahre wurde sie als Mitarbeiterin am Massachusetts Institute of Technology beschäftigt. Im selben Jahr arbeitete sie in der Abteilung *Internationale Finanzen* beim *Board of Governors of the Federal Reserve System*. Ein Jahr später wechselte sie für ein Jahr zum *Congressional Budget Office*, um sodann wieder für ein Jahr beim *Board of Governors of the Federal Reserve System* einzusteigen. Von 1978 bis 1980 war sie als Dozentin an der *London School of Economics and Political Science* tätig. 1980 ging sie als Dozentin an die *School of Business Administration* der University of California, Berkeley. Dort wurde sie bereits zwei Jahre später zur außerordentlichen Professorin ernannt und erhielt lediglich drei Jahre später an der dortigen *Haas School of Business* eine ordentliche Professur. Mittlerweile ist sie emeritiert. In den Jahren 1994 bis 1997 war Janet Yellen Mitglied des Vorstandes im *Board of Governors of the Federal Reserve System*. Unter Clinton wurde sie 1997 als Vorsitzende in den Rat der Wirtschaftsberater berufen und blieb dort bis Ende der 1990er-Jahre. Ab Mitte 2004 bis Herbst 2010 war sie Präsidentin und *Chief Executive Officer* der *Federal Reserve Bank of San Francisco*. Im Jahr 2009 war Janet Yellen stimmberechtigtes Mitglied des *Federal Open Market Committee*, des Gremiums, das die Geld- und Währungspolitik der USA bestimmt. Im Frühjahr des Jahres 2010 wurde sie von Barack Obama zur Kandidatin für die Nachfolge von Donald Kohn, dem Stellvertreter des Notenbankchefs, ernannt. Anfang Oktober 2010 nahm Ben Bernanke ihr den Amtseid als Vizepräsidentin des *Federal Reserve Board* ab. Schließlich wurde sie Anfang Oktober 2013 seine Nachfolgerin. Nunmehr steht sie an der Spitze des *Federal Reserve Board*.

Daten, Zahlen, Fakten

1754 – Dorothea Erxleben promovierte aufgrund einer königlich angeordneten Ausnahme als erste Frau in Deutschland in Medizin.

1848 – Nachdem in Frankreich und Großbritannien infolge der Erklärung der Bürger- und Freiheitsrechte durch die Französische Revolution bereits Frauenrechte proklamiert worden waren, entstanden auch revolutionäre Bewegungen in Deutschland. Louise Otto-Peters gründete 1849 die erste deutsche Frauenzeitung. Sie diskutierte in ihrer Zeitung über das Wahlrecht der Frauen. Damit gilt Louise Otto-Peters als die Gründerin der deutschen Frauenbewegung. Wichtigstes Ziel der ersten Generation der Frauenbewegung, zu der auch Auguste Schmidt und Henriette Goldschmidt gehörten, war das Recht der Frauen auf Arbeit und Bildung. Die Bildung und die Arbeit der Frauen sollten nicht alleine den Frauen dienen, sondern der ganzen Gesellschaft. Außerdem sollten Bildung und Arbeit den Frauen ein von den Männern finanziell unabhängiges Leben ermöglichen. Für bürgerliche Frauen gab es bis dahin kaum eine Möglichkeit der Berufstätigkeit.

1850 – In Preußen wurden erste Regelungen erlassen, die Frauen die Mitgliedschaft in politischen Vereinen und Verbänden strikt untersagten.

1865 – In Deutschland fand zum ersten Mal eine Frauenkonferenz statt, bei der der *Allgemeine Deutsche Frauenverein* gegründet wurde.

11. März 1870 – Das *Preußische Vereinsgesetz* trat in Kraft. Im

Paragrafen neun der Satzungsverordnung hieß es, dass es für Vereine, die politische Themen in ihren Versammlungen ansprachen, Beschränkungen gab. Eine der Beschränkungen war, dass sie keine Frauen als Mitglieder aufnehmen durften. Mit diesem Punkt der Satzungsverordnung wurde den Frauen jede politische Betätigung in den preußischen Vereinen verboten.

1891 – Die von Clara Zetkin herausgegebene Frauenzeitschrift *Die Gleichheit in Deutschland* erschien.

1894 – Viele Frauenvereine schlossen sich zum *Bund Deutscher Frauenvereine* zusammen. Der Verein *Frauenwohl* veranstaltete Anfang Dezember 1894 eine öffentliche Volksversammlung zum Thema „Die Bürgerpflicht der Frau". Die Sozialistin Lily Braun forderte auf der Versammlung: „Wir verlangen die Anwendungen der Prinzipien der allgemeinen Menschenrechte, auch auf die andere Hälfte der Menschheit – die Frauen!"

1896 – Zum ersten Mal wurden Frauen als Gasthörerinnen an Universitäten in Preußen zugelassen.

1899 – Qasim Amin publizierte sein Buch „Die Befreiung der Frau", in dem er auf religiöser Argumentationsbasis für eine Reform der Geschlechterverhältnisse plädierte.

1900 – Das Großherzogtum Baden erlaubte als erstes deutsches Land das uneingeschränkte Frauenstudium.

Um 1900 – In Japan spielten Literaturzeitschriften wie zum Beispiel *Seito* (Blaustrumpf), *Fujin Koron* und *Shufu No Tomo*, die sowohl klassisch bildungsbürgerliche Interessen als auch kontroverse Themen wie Abtreibung und Sexualität abdeckten, eine wichtige Rolle. Bedeutende Geschlechtsunterschiede gab es im gesprochenen Japanisch. Das Wort *onnarashii*, das gewöhnlich mit *fraulich* oder *feminin* übersetzt wird, bezieht sich auf das typischerweise von einer japanischen Frau erwartete Verhalten und den Sprachstil. *Otokorashii* bedeutet *männlich* oder *maskulin*. Einige Merkmale der Frauensprache sind eine hohe Stimmlage, der häufige Gebrauch von Höflichkeitsformen und der Gebrauch typisch weiblicher Wörter. Im Japanischen wird die spezifische Art des Sprachgebrauches weiblicher Sprecher auch als *onna kotoba* (Frauenwort) oder *joseigo* (Frauensprache) bezeichnet. Allgemein hat die soziale und hierarchische Stellung von Sprechern eine erhebliche Auswirkung auf die Sprachstrukturen im Japanischen.

Japan weist heute, im 21. Jahrhundert, die niedrigste Verbrechensrate aller Industrienationen im Bereich sexueller Gewaltdelikte auf. Dennoch gibt es Zugwaggons, die nur für Frauen im Einsatz sind. Diese sind einzig als Reaktion auf das in Japan verbreitete *Chikan* – eine besondere Art sexueller Belästigung – in Betrieb. Männer nutzen die zum Teil extreme Enge in den Pendlerzügen aus, um wie zufällig eine in der Nähe stehende Frau sexuell zu berühren und daraus einen Lustgewinn zu erzielen. Auch sind andere sexistische Aktivitäten gegen Frauen ein Thema. Die Beteiligung von Frauen in der Arbeitswelt ist deutlich geringer als in anderen Industriestaaten.

In Ägypten fanden die ersten Frauenbewegungen statt. Während die ersten Akteurinnen Frauen der Mittelschicht waren, in deren publizierten Werken sich erstmals ein feministisches Bewusstsein in Ägypten widerspiegelte, interessierten sich im Zuge islamischer Erneuerungen, profaner Modernisierungen und aufkommenden Strebens nach nationaler Einheit zunehmend auch Männer für die Stellung der Frau.

1902 – Anita Augspurg, Lida Gustava Heymann, Minna Cauer und Helene Stöcker gründeten den *Deutschen Verband für Frau-*

enstimmrecht in Hamburg. Ebenfalls im Jahr 1902 verzeichneten Frauenrechtlerinnen erste Erfolge. Das starre, frauenfeindliche Vereinsrecht wurde gelockert. Frauen durften fortan an Veranstaltungen von Parteien und Organisationen teilnehmen. Allerdings nur im sogenannten Segment, einem durch ein rotes Seil abgesperrten Bereich, in dem sie geduldet waren. Frauen durften in diesem Bereich im Stehen zuhören, sich aber nicht äußern.

1911 – Das ägyptische Parlament diskutierte erstmals über eine Proklamation der Frauenrechte, die von Malak Hifnī Nāsif verfasst wurde.

1914 – In der Überzeugung, dass ein Blitzkrieg die Macht der Nation erhielt, ließ sich der *Bund Deutscher Frauenvereine* vor den Karren des Vaterlandskriegs spannen. Während des Krieges wurden die Kämpfe um die Frauenrechte eingestellt. Einige blieben jedoch bei ihrer Überzeugung und riefen zu einem Frauenfriedenskongress auf.

1918 – In Deutschland wurde das Frauenwahlrecht gewährt. Philipp Scheidemann rief Anfang November 1918 die deutsche Republik aus. Der Rat der Volksbeauftragten stellte lediglich drei Tage später in einem Aufruf an das deutsche Volk sein Regierungsprogramm vor. Ein wichtiger Teil davon war die Verkündung des Frauenwahlrechtes. Dieses Datum galt als die Stunde des Frauenwahlrechts in Deutschland. Wahlberechtigt waren alle Frauen und Männer ab 20. Ende November 1918 verankerte der Rat der Volksbeauftragten das aktive und passive Wahlrecht für Männer und Frauen in der Verordnung über die Wahl zur verfassunggebenden deutschen Nationalversammlung. Im Artikel 119, Absatz zwei der Weimarer Verfassung steht: Männer und Frauen haben grundsätzlich dieselben staatsbürgerlichen Rechte und Pflichten.

1919 – Hiratsuka Raichō, japanische Autorin, Journalistin, politische Aktivistin und eine der Pionierinnen des Feminismus in Japan, begründete zusammen mit Ichikawa Fusae, Schriftstellerin und Politikerin, die *Shin Fujin Kyokai* – die Vereinigung der neuen Frau. Die Dichterin Yosano Akiko zählte zu ihren Mitstreiterinnen. Des Weiteren fand im selben Jahr die erste Reichstagswahl mit Frauenwahlrecht in Deutschland statt. Die Wahl zur verfassunggebenden Nationalversammlung Mitte Januar 1919 war die erste Wahl, an der Frauen sowohl passiv als auch aktiv teilnehmen durften. Die Wahlbeteiligung lag bei sagenhaften 90 Prozent – insbesondere die Frauen nutzten ihr Wahlrecht. Mit 41 weiblichen Abgeordneten stand Deutschland an der Spitze der Nationen. Mitte Februar 1919 stellte eine der Abgeordneten, Marie Juchacz, im ersten gewählten deutschen Parlament fest: *„Es ist das erste Mal, dass in Deutschland die Frau als Freie und Gleiche im Parlament zum Volke sprechen darf … was diese Regierung getan hat, das war eine Selbstverständlichkeit; sie hat den Frauen gegeben, was ihnen bis dahin zu Unrecht vorenthalten worden ist.“*

1920 – Zulassung zur politischen Beteiligung der Frauen in Japan. Die feministische Bewegung in Japan begann im späten 19. Jahrhundert.

1923 – Gründungsjahr der ersten ägyptischen feministischen Organisation: *Egyptian Feminist Union*. Frauen begannen sich in Ägypten zu organisieren und drangen offensiv in die Öffentlichkeit vor.

Nach dem großen Kantō-Erdbeben schlossen sich eine Reihe von weiblichen Hilfsorganisationen zum *Bund der Frauenorganisationen von Tokio* zusammen. Gegründet mit der Absicht, den Erdbebenopfern in der Region zu helfen, wurde der Bund eine der zentralen Anlaufstellen und der organisatorische Ausgangspunkt für die japanische Frauenbewegung. Der Bund für die Verwirklichung des Frauenwahlrechts – *Fujin Sanseiken Kakutoku Kisei Domei* – und der Frauenwahlrechtsbund – *Fusen Kakutoku Domei* – wurden in diesem Rahmen gegründet.

1928 – In Ägypten schrieben sich an der Universität Kairo die ersten Studentinnen ein. Ferner stellten die Frauen Forderungen! Die wichtigsten Forderungen jener Tage waren das Recht auf Bildung, die Verbesserung der sozialen Situation, das Wahlrecht, die Anhebung des Heiratsalters auf mindestens sechzehn Jahre und die Abschaffung der Polygamie.

1933 – Der *Bund Deutscher Frauenvereine* löste sich auf, um einer Gleichschaltung durch die Nationalsozialisten zu entgehen. Im selben Jahr wurde den Frauen in Deutschland das passive Wahlrecht genommen. Sie konnten zwar noch wählen, aber nicht mehr gewählt werden.

1947 – Das aktive und passive Frauenwahlrecht in Japan wurde mit dem Inkrafttreten der japanischen Nachkriegsverfassung eingeführt. Die Bewegung wurde teilweise als Teil der Öffnung zum Westen nach der Meiji-Restauration 1868 angesehen. Andere sahen sowohl westliche als auch traditionelle Einflüsse der japanischen Kultur bei der japanischen Frauenbewegung.

1949 – In Deutschland trat das Grundgesetz in Kraft. In Artikel drei wurde die Gleichberechtigung von Mann und Frau garantiert: „Männer und Frauen sind gleichberechtigt." Fortan war gesetzlich geregelt, dass Frauen und Männer das aktive und passive Wahlrecht haben.

1954 – In Deutschland wurde im öffentlichen Dienst das Beschäftigungsverbot für verheiratete Frauen aufgehoben.

In Ägypten war in der Regierungszeit Gamal Abdel Nassers das Frauenrecht in Ägypten ambivalent. Auf der einen Seite war es geprägt durch die Unterdrückung zivilgesellschaftlicher Organisationen, die auch die Frauenbewegung in ihren Organisationsmöglichkeiten stark einschränkte. Auf der anderen Seite wurden wichtige Reformen im Rahmen des sozialistischen Programms Nassers in Angriff genommen, zum Beispiel die Gewährung des Wahlrechts für Frauen und kostenlose Universitätsbildung für beide Geschlechter. Das Personenstandsgesetz der 1920er-Jahre blieb hingegen in Kraft.

1958 – In Deutschland trat das Gleichberechtigungsgesetz in Kraft. Das Lehrerinnenzölibat wurde aufgehoben, und nach einem Bundesverfassungsgerichtsurteil wurde das Ehegattensplitting anstelle der steuerlichen Gesamtveranlagung eingeführt.

1959 – In Deutschland entschied das Bundesverfassungsgericht, dass die ins Gleichberechtigungsgesetz übernommene Regelung des Gehorsamsparagrafen nichtig ist. Ab den späten 1950ern wurde schrittweise die Gleichberechtigung der Geschlechter in der Bundesrepublik Deutschland eingeführt.

1968 – Unter dem Druck politisch revolutionärer Umwälzungsprozesse entstand die neue deutsche Frauenbewegung.

1974 bis 1976 – Durch die Novellierung des Paragrafen 218 wurde in Deutschland die Abtreibung erleichtert. Die zunächst beschlossene Fristenlösung – Abtreibung während der ersten drei Monate straffrei – wurde vom Bundesverfassungsgericht für verfassungswidrig erklärt und deshalb durch das

Indikationenmodell ersetzt, das besagt, dass eine Abtreibung nur bei Vergewaltigung, Gefährdung des Lebens der Mutter, drohender Behinderung des Kindes sowie in sozialer Notlage zulässig sei.

1970 bis 1981 – In der ägyptischen Öffentlichkeit erschien der Feminismus erneut auf der Bildfläche. Tabuthemen wie die Beschneidung weiblicher Genitalien, Prostitution oder Gewalt gegen Frauen werden von der Ärztin Nawal El Saadawi öffentlich angesprochen. Die Ärztin, Schriftstellerin, Frauenrechtlerin und Kämpferin für die Menschenrechte steht auf der Todesliste der radikalen Islamisten.

1976 – Die Gleichberechtigung in Deutschland bei finanziellen Angelegenheiten in der Ehe wurde eingeführt. Seit diesem Jahr war es auch möglich, den Nachnamen der Frau als Familienname zu wählen.

1977 – In Deutschland erlaubte eine Gesetzesänderung nun auch den Ehefrauen, einer regelmäßigen Tätigkeit nachzugehen, ohne vorher den Ehemann um Erlaubnis bitten zu müssen. Bis zu dieser Gesetzesänderung musste sich eine verheiratete Frau, die einer Tätigkeit nachgehen wollte, die Erlaubnis ihres Gatten einholen.

1985 – Der Einfluss konservativer, religiöser Kräfte in Ägypten führte in der Debatte um das reformierte Personenstandsgesetz zu zwei weiteren Reformen. Letztlich liefen diese auf einen Kompromiss hinaus.

1990 – Zwanzig Jahre nach der Einführung des formellen Frauenwahlrechts in der Schweiz wurde das seit Mitte März 1971 wirksame Wahlrecht nun auch in dem letzten Kanton umgesetzt.

1991 – In Deutschland verwarf das Bundesverfassungsgericht den Grundsatz, dass der Nachname des Ehemannes der Ehename wird, wenn das Paar sich nicht auf einen Nachnamen einigt.

1992 – In Deutschland wurde beim Schwangerschaftsabbruch erneut eine Fristenlösung eingeführt, dieses Mal aber mit Beratungspflicht. Dieses Modell wurde vom Bundesverfassungsgericht gebilligt.

1994 – Die Abhängigkeit zur USA schafften in der Regierungszeit Mubaraks während der Vorbereitungen der Konferenzen in Kairo und **1995** in Beijing neuen Spielraum für feministische Organisationen. Dieser Spielraum wurde allerdings später wieder stark eingeschränkt.

1997 – In Deutschland wurde die Vergewaltigung auch in der Ehe strafbar. Allerdings wurde die Vergewaltigung nur auf Antrag verfolgt.

2004 – Aus der Vergewaltigung in der Ehe wurde in Deutschland ein Offizialdelikt, das nun von Amts wegen verfolgt wird.

2015 – Einführung einer Frauenquote in Deutschland! Anfang Februar 2015 wurde in Deutschland bei der Neubesetzung von Aufsichtsratsposten in börsennotierten und mitbestimmungspflichtigen Unternehmen eine verbindliche Frauenquote von dreißig Prozent eingeführt. Gleichzeitig wird es künftig feste Zielvorgaben für Unternehmen geben.

2016 – Auf Ägyptens Straßen hat sich das Frauenbild komplett verändert. Viele, vor allem junge Frauen tragen wieder islamische Kleidung – allerdings im neuen Look! Knöchellanger Rock, hochgeschlossene Oberteile und Kopfbedeckungen, die nur das Gesicht frei lassen und als Verschleierung gelten, bestimmen das Bild auf den Straßen. Diese Entwicklung scheint heute unfassbar in einem Land, dessen Frauenbewegung Anfang dieses Jahrhunderts richtungsweisend im arabischen Raum war.

Danksagung

Gunna, wie immer möchte ich dir für deine großartige Hilfe und Unterstützung danken!

Was wären meine Bücher nur ohne dich?!

Bedanken möchte ich mich auch bei meiner Buchsetzerin Melli. Melli, ohne dich wären meine Bücher nicht die, die sie dank deiner Unterstützung geworden sind.

Des Weiteren möchte ich mich bei einer weiteren ganz besonderen Powerfrau bedanken. Ines Klemmer! Eine Frau, von deren schier unermüdlichen Kraft, Ausdauer und Ausstrahlung ich tief beeindruckt bin und die sich nach meiner Anfrage sofort bereit erklärt hat, den Klappentext dieses Buches zu schreiben.

Bedanken möchte ich mich auch bei meinen Testleserinnen Andrea, Gesa, Jutta, Kristina, Rebecca und Regine.

Meinen riesigen Dank euch allen für eure großartige Unterstützung.

Weitere Werke der Autorin

Der Wessi, der nicht in den Osten fahren durfte

Erst Aschenputtel … Dann Prinzessin …

Kleine Scheißer … große Kerle!

Das Wasserschlösschen zur lockeren Schraube

The House of Loose Screw Heads

Alle Bücher sind im Neptunikum Verlag erschienen und sind auch als E-Book im Handel erhältlich.

Alle Infos unter www.baerbel-kiy.de und auch auf www.neptunikum.com.

Ich freue mich auf Ihren Besuch!

Ihre Bärbel Kiy